心如此近
却又遥不可及

Heart, so close, yet so distant 疗愈到觉醒

迅 然——著

Billson International Ltd.

Published by
Billson International Ltd
27 Old Gloucester Street
London
WC1N 3AX
Tel:(852)95619525

Website:www.billson.cn
E-mail address:cs@billson.cn

First published 2023

Produced by Billson International Ltd
CDPF/01

ISBN 978-1-80377-058-1

©Hebei Zhongban Culture Development Co.,Ltd All rights reserved.

The original content within this product remains the property of Hebei Zhongban Culture Development Co.,Ltd, and cannot be reproduced without prior permission. Updates and derivative works of the original content remain the property of Hebei Zhongban. and are provided by Hebei Zhongban Culture Development Co.,Ltd.

The authors and publisher have made every attempt to ensure that the information contained in this book is complete, accurate and true at the time of printing. You are invited to provide feedback of any errors, omissions and suggestions for improvement.

Every attempt has been made to acknowledge copyright. However, should any infringement have occurred, the publisher invites copyright owners to contact the address below.

Hebei Zhongban Culture Development Co.,Ltd
Wanda Office Building B, 215 Jianhua South Street, Yuhua District, Shijiazhuang City, Hebei province, 2207

contents
目　录

1 前行与破晓　　　　　　　　　　1
　　山穷水尽疑无路　　　　　　　　4
　　失去了自我，获得了自由　　　　6
　　拆去层层框架，透出本来面目　　10

2 疗愈，解开自我的禁锢　　　　　12
　　自我框架的桎梏　　　　　　　　15
　　拆解自我　　　　　　　　　　　19
　　眼动减敏情绪　　　　　　　　　23
　　意识改变状态，脱离思维模板　　31
　　冥想，以及对它的误解　　　　　36
　　催眠认知转化　　　　　　　　　41
　　在潜意识的大洋钓鱼　　　　　　45
　　生理病症，身体不骗人　　　　　50
　　原谅自己吧！　　　　　　　　　54
　　放松身心　　　　　　　　　　　55

3 谁创造了你的现实? 57

幻相世界 60
大脑所构建的现实 62
万物同一自性 64
人生剧本 66
主体意识的"我"在哪? 69
编写人工智能程序 73
习惯与思维模板 78
你的决定,或模板的反射? 83
思维模板的困境 86
聆听与跳出"我觉得" 88

4 拆解自我,一场与自己的战役 93

诚实与意愿 95
信念与现实的差别 96
跳出性格的陷阱 103
你是自己的祖先,家族的活化石 109
无意识的行为模式 116
沉重的记忆包袱 120
情绪的牵制 122
心理的痛与生理的痛 127
情绪与感受的差别 129
一定要批判吗? 131
扮演好人,或只是不敢拒绝? 138
道德绑架 142

5 回到本来真面目 145

禅的真实意 147
不安的心 153
本来无一物，何处惹尘埃？ 156
觉悟时分，明心见性 161

6 二元世界 166

二元相对，不对立 168
超越善与恶 172
天地与我并生，万物与我为一 176

7 自由不羁的生命 182

生命的意义 184
让生命之流带领你 190

8 纯然的觉受 194

机器人的爱是真爱吗？ 197
参禅、参诗、参内心 199
更新大脑认知程式 201
瓦解思维模板的"我" 206

9 信仰的基石   209
灵魂落难在人间   216
佛教的暗流礁石   222
以幻灭幻，以火救火   228
欲望   231

10 冥想与灵性经验   234
住心观静的石头禅   236
忘，却不曾忘却   240
透视幻相的特效药   243
走火入魔   251

11 回到最初   254
重返疗愈   255
回家   256

后记   258

参考文献   259

1 前行与破晓

> 两个灵魂，啊，居住在我胸膛，
> 两者却分道扬镳，
> 一个满怀热情，热爱生命，
> 卷须攀附着，牢牢抓住这世界；
> 另一个却奋力翱翔，远离尘世，
> 高飞到那崇高先驱的远方。
> ——《浮士德》(Faust) 约翰·沃夫冈·冯·歌德 (Johann Wolfgang von Goethe)

"我尽心尽力于每一件事，付诸努力，却感觉无所作为，没有一件真正让自己值得骄傲的事。不断地充实自己，踏出圈子，不断突破自己，不断超越，却依然觉得自己一事无成。"我对母亲说。

"在漫长的生命旅途中，不停寻找解答，寻找出路，却依然无法脱困。一战再战，挺身前进，却一挫再挫，仿佛受困在一个巨大迷宫中，原地打转……挫败感并非一种信念，我并没有认定自己是一个失

败者，但在一次次挫败中，不知不觉形成一种条件式的情境反应，化为失落感，如影随形，鬼魅般紧随着我。"

母亲透过眼动来引导我进入意识改变状态，观察着内在感受和认知的变化。针对情绪进行自我拆解，消除困住自己的种种认定，消融情绪，包括空的发狂和孤独的感受；被否定或被误解时，胃里翻滚着一股不甘心的感受；希望自己如水一般的柔软和包容，而不是缺少柔软度，去撞伤别人。

"内心有一股无力感，似乎没有达到标准就会不自觉认为自己是个失败者"我在自己面前持续快速左右挥动着手指，眼睛跟着摆动，无力感逐渐模糊，恍然失败的感受也仅仅是一个想法。

似乎有一个"自我"的存在，"感觉到'我'正在消融……如果继续眼动下去'我'就会消失……"

母亲问："'我'正在消融？"

"对，感觉旧的'我'快要消失不见了，就像冰块融进水中……自我在融化……自我相关联的认知渐渐在消散……"

持续了一段时间，我持续做着眼动，

"感觉在跟自己挥手道别，也好像死亡前的离别，自我要消失了……感觉有些依依不舍，好像跟老朋友道别一般。"

过了片刻，

"自我仿佛不见了，只剩下现在我。"

这不是我第一次感觉过类似的奥妙感受，过往冥想中也曾多次感觉身体如燃烧中的炭火。起初四肢末梢开始燃烧，燃烧过的部位化成灰烬散去，冷却，直到全身燃烧殆尽，最终身体边界感消失了，身体只是残留的认知，不真正代表我。我躺在床上感受这一切的变化，意识失去了边界感，融入一切，遍及一切事物，我是这张床、房间、桌椅，也是无边无际的时空，没有了你我他的区别，我就是它，它就是我。意识可大可小，小至尘埃，大至宇宙。没有过去，没有未来，只剩当下的存在。

每一次的灵性经验带来更深一层次的领悟，但多次经验告诉我，经验虽然深奥，却无关乎解脱。在一次经验中深刻体会了这一点，在自我消融的大约一年前，感觉自己捅破了一层透明薄膜，踏入一个彻底不同的范式，穿越到另一个国度般。鲜明的体验带来了深刻地感悟，当时以为旅程就此结束，但几个月下来，发现自己依然困在相同的思维和行为运作模式。固然这次融解了自我，感受明显不一样，内心却仍充满疑惑，这次经验相较之前有何差别？是否不过是另一个灵性经验？我没有任何把握。

山穷水尽疑无路

  我害怕自己的变化无常，今天的我对于昨天的我感到厌倦，为了攀登，我不断地从台阶之上跨越。我发现自己总是孤孤单单的一个人，我找不到可以说话的人，寂寞就像是万年的冰雪，让我不寒而栗。我站得这么高又为了什么？高处让我无比的疲惫。你还在寻找希望你的自由，这种寻找让你精疲力倦，也让你清醒的有些过分。

  ——《查拉图斯特拉如是说：一本为所有人也不为任何人写的书》（Thus Spoke Zarathustra）弗里德里希·尼采（Friedrich Nietzsche）

  自小到大沉浸在各类阅读，初中时紧随我母亲心灵修行的脚步，冥想、诵经、动瑜伽、大拜式等，一边读书，一边看她修习各种佛教显密仪轨，也曾参加教会，参加心灵课程研讨。尽管如此，这一切努力并没有令心灵止渴，用功却换来更强烈的空虚感，越喝越渴。

  大学时期是真正孤寂的开始，真正的孤独不是孤身一人，而是周遭围绕着各式各样的人，却未能找到默契交心者。伫立于纽约市繁忙的大街上，熙来攘往，却找不到一丝踏实感，找不到生命的方向，找不到灵魂的归处。说不清楚原因，这极度空虚，空的发狂的感觉前后伴随了我十多年。

  我不想特立独行，但无关痛痒的谈话就像吃着一顿食之无味的餐，吸着氧气稀薄的空气，喘不过气来，能量被消耗殆尽。世界之大，却好似局外人，徘徊在世界边缘，找不到立足之处，热闹的人群中找不到归属感，熙来人往中彰显了空虚感，处处突显着自己的格格不入。

漫长却无果的寻找令人身心俱疲，不知要走多久才能到尽头？流多少泪才能停止哭泣？拖着精疲力竭的躯壳前行，孤零零一人的追寻又为了什么？在一次催眠中，感觉自己像个孩子被遗弃在茫茫人海中，被遗弃在这世界上，无依无靠，那无尽的失落感，哀愁、无助、无奈、孤独感交织，泪水喷泉般涌了出来。

恳切地说，与其说追求真理或真相，不如说内在一股莫名的感受让人浑身不对劲，渴望解脱。也不是因为苦命，完全不是，但内心呐喊着，生命不该仅仅如此，那一股劲力推动着我去寻找！彷徨的感受有如挥之不去的苍蝇在耳边嗡嗡响，在身旁盘旋着，不时戏弄般地停在脸庞上，停在眼前，招摇的搓搓着双脚以示胜利，不堪其扰，却又拿它没辙，似乎只有彻底扑灭它，才能平息内心的不安。

曾想象走上一条轻松路径，忘却一切内心矛盾与冲突，浸润在美好的感受中，变成一个"正常人"。不幸的是，我无法欺骗自己，遮蔽眼睛，堵住耳朵，盲目地活着，若无其事地将灰尘扫入地毯下。当周围人们在孤寂中燃起一把狂欢的烈火，我感觉不到温暖，只显得格外寒冷，浓烈的空虚感弥漫在空气中，令人窒息。

一颗不安宁的心躁动着，血液狂烈地沸腾着，仿佛只有撕裂了自我才能得到解放。无路可走，无处可去，得了一种怪病绝症似的，止痛药止不了疼痛，无法缓解慢性病，只有迫不得已踏上一条人迹稀少的小径，寻找解药。

失去了自我，获得了自由

春有百花秋有月，夏有凉风冬有雪。
若无闲事挂心头，便是人间好时节。

——《无门关》慧开禅师

走在心灵的漫漫长路上，有时踩入湍急的溪流里摸石头过河，有时在草木横生的灌木间前进，终究要走多久？那看似遥不可及，找不到方向的路途令人绝望。幸运的是，一路母亲作为前导引领着我，锲而不舍的前行，越走越清晰，越走越踏实，越走越轻松。心中始终存有强烈的疑虑和不确定感，但每一次的心领神会，热泪盈眶，每一次的悸动，知道自己又向前迈进了一大步，又一次突破。

脑海中嘈杂的思绪如同在窗边那台老旧的冷气机，压缩机发出沉闷轰隆隆的振动声，不知不觉早已习惯那嘈杂声，直到嘈杂思绪突然止息的那一刻，顷刻间，万籁具寂，头脑居然可以如此宁静！

自我消融的经验虽然清晰，起初有些变化，但依然毫无把握自己究竟在何处？直到几个月后，一系列现象陆续发生，大量习性的脱落，思维模式的巨大转变，一场几十年来未曾经历过，脱胎换骨般的蜕变，才意会自己穿越过来了。也许消融了最后一个黏附在幻相的认定，扔下了压倒骆驼的最后一根稻草。曾经一路苦苦追寻，现在转了个弯，抵达终点了，寻找的动机也戛然而止。

起初感觉火箭升空，冲出了大气层，来到无重力状态，漂浮着。

信念就像万有引力，紧紧拉扯，当脱离重力的一刻，思维惯性逐渐松开，自由而清明。在渐渐脱开惯性的过程中，好似一个卫星渐渐进入新的轨道，再经过几个月，轨道消失了，进入无重力的悬浮状态，好似契合于宇宙一股流势，契合于本然状态，融入"一"的自然状态。

过去随时保持警觉念头的升起，练习放下或不住相，避免沾黏到某些认定而落入了情绪的圈套。如今松动了自我，随着自我的融解，许多过去挥之不去的习性不知不觉脱落。虽然仍残留一些习性，自扰的想法偶尔出现，但除去残余习性变得相对容易。

习性的脱落，曾经的角色形象逐渐模糊，惊觉许多思维或行为模式并不是我个人的意愿。许多受控于天生生理机制或基因设定，好似一条狗瞧见草地上匍匐的松鼠就产生了追逐的冲动，一种无意识的行为。

有些习性埋藏较深，尤其是性格或不容易被挖掘的久远记忆，仍悄悄地影响着一个人的作用，不时呃逆，停不下来的打嗝令人困扰。人不可能赤裸裸没有习性，但洗刷残余的自扰习性，成为一个纯粹自在的灵魂。

直到隔年三月，才体会到禅宗达摩祖师所说的"行住坐卧皆禅定"[1]，从前只存在冥想中的独特意识状态，直觉感受，渐渐渗透到大脑清醒的意识层面，扩及所有意识活动。种种自我认定和思维模板如层层浓雾，造成自我盲点，遮蔽了感受，当浓雾散去，明亮光线透射进来，照亮了周遭事物，看清了事物本质，直觉自然浮现。

老实说，不清楚什么触发了思维模式的巨大转变，一连串的骨牌效应。瓦解种种认定的动作似乎改变了大脑的运作机制，也许部分思

---

[1] 《达摩悟性论》

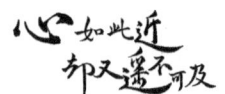

维模板的融解，规则的崩解，弱化自动反射行为，进而产生更清晰的直观感受，更敞开的思路，犹如一张白纸般的创作空间，而不是被涂满了。

相较之下，过去冥想中的觉知好似隔了一层薄手套的触感，隔了一层透明玻璃看外界。穿越后，打碎了玻璃，打破了阻绝，直接触摸到事物本质，内外通透，好似直接闻到花草清新的气息，感受清风拂面的轻松感。

头脑思维仍扮演着不可或缺的重要角色，执行逻辑思考，沟通交流，不甘寂寞的运转着，蹦出各种念头，也渐渐退居幕后，不再主控局势的同时，感觉不再那么自我，减弱了"我觉得"的思维模式。从前感受和思维模板的使用比重也许是四比六，在过后的一年里，模板持续融解，感受则递增到八分。

然而，在不停自我拆解的过程中，来到了禅学的见性与幻相脱钩，但不是疗愈的终点。身而为人，仍桎梏于天生气质、思维模板、习性或过去记忆，似乎只有摆脱那些桎梏才称得上真正的自在解脱。摆脱了自我框架的桎梏，走出自我框架监狱的大门而重获自由。

灵性旅程的三部曲：疗愈，见性，再疗愈。最初的疗愈，拆解自我，认识自己，层层剥除认定，成为一个心灵成人，与他人与自己和谐相处。透过眼动减敏情绪、催眠转化认知和行为、冥想探索潜意识，达到身心的平安。

第二阶段，真正的自在解脱终究离不开觉醒，从幻梦中甦醒，醒悟这一切的虚幻不实而明心。若是继续拆解信念，拆到什么也不剩，除去了杂质，与幻相脱钩，回到纯净本质，回到自性，回到本来真面目，而见性。

最后阶段，又重返疗愈，解除那些自扰的习性，释放积压在内心或潜藏在身体更深处的受伤记忆，最终，悠然自得。

虽然有时感叹这人生剧本真是烂透了，也不一定知道宇宙要带你去何方，要你做什么，学什么，带给你什么，也没办法改变既定的结果，不一定能动摇时空大势，或改变巨浪的形势，但顺势而为，在滔天巨浪中乘风破浪，溅起最美丽的浪花。

拆去层层框架，透出本来面目

走到这，衷心感谢所有在科学、脑神经科学、临床心理学、哲学、文学、解脱者等各领域的巨擘，前人的积淀，让我们站在巨人们的肩膀上，从各个视角来探究所处的现实。幸运地生在这知识蓬勃发展的年代，依循前人留下的线索足迹，加上自身体验，一块块串接，逐步解开生命的谜团。

也由衷感谢我母亲的支持，本书虽由我主笔，却也是我俩多年来无数昼夜的研讨，没有了她，不会有此书的诞生。在这探求的旅程中，作为前驱的她在前方开山斩棘，三十多年来，一路曲折蜿蜒，跌跌撞撞，不知走过多少弯路，一次次挥刀斩除障碍，一步步慢慢地摸索过来。如今的突破，一个关键要素是我母亲的支持，她对生命的尊重、宽容、关爱，在灵性层面提供了一个典范，一个不可企及的高度。

而今我能走到这，有什么特别的吗？诚实地说，平平凡凡，够不到天才，也没有什么特殊才能，也许幸运些，成长过程中没有摔进泥沼痛苦挣扎，再从中爬出。向那些经历风风雨雨，依然自立自强的人致敬，诚实地说，我很难想象自己在那种处境中是否能够坚强挺过来。但有一点是肯定的，走过漫漫长路，山穷水尽疑无路，如今柳暗花明又一村，脱胎换骨般的重生，需要莫大勇气面对自己，拆解自我的坚定意志，以及探究生命的强烈渴求。

曾经的宗教，当今的信仰，是否带着生命走向本来面目？以假乱真的逻辑让人在迷宫里拼命兜圈子，越走越迷。幻相迷宫天衣无缝的设计，布下重重陷阱，突围不容易，多少寻道者奋力挣扎，却一个个卧倒沙场上？

在漫天浓浓大雾的幻相迷宫中寻找出口绝非易事，疗愈与见到自己的本性不容易，极度挑战一个人的意愿，但也不是一件不可能的任务，若用对了方法，走对了方向，可以减少许多弯路和不必要的辛劳。

本书是我们几十年下来的心路历程，一路走来所提炼而成的成果，经验的分享。也是我个人的自我解析，跨越后的近三年来，夜以继日，夙夜匪懈，一点一滴地抽丝剥茧，对于自我、幻相、和大脑运作的深刻体悟。

而我母亲就像那令人又爱又怕的指导教授和教练，她的态度平和且理性，但每一交卷，成长过程中难免挫折，总是再一次被击中，上回一记左勾拳，这回正中下怀。一次次编修重整，连连挫败，但一次次卷土重来，突破并成长。

这是一本疗愈手册，让生命化繁为简，不是树立新的信念，反之，拆解一切困住自己的认定。一本装订成册的砂纸，磨去层层认定，透出你的本来真面目。一本荒岛自救手册，包含了疗愈工具、迷宫地图、大脑维修手册等，自给自足，疗愈和觉醒不外求。

2 疗愈，解开自我的禁锢

然而，我开始相信，尽管有着众多令人困惑的横向复杂性，以及一层又一层的纵向复杂性，也许只有一个问题……在个体所抱怨问题情况的底层，学习上的困扰、伴侣、工作、自己无法控制或怪异行为的背后或强烈恐惧，皆有着一个核心探寻。依我看来，每个人都在问："我是谁，真的？我如何接触到埋藏在所有表象行为底下的真实自我？我如何成为我自己？"

——《成为一个人》(On Becoming A Person) 卡尔·罗杰斯（Carl Rogers）

疗愈这一条路不好走，过程往往令人气馁，渴望解脱，渴望自由，渴望超越，但面对现实问题却又欲振乏力。生活中熬煮着五味杂陈的心情，困在相同模式中循环，无力逃脱，似乎只能无可救药的痛苦下去，为何简单的平静如此难求？做自己如此艰难？可惜世上没有神奇的忘忧水，啜饮一口就能忘却一切烦恼，化解一切忧愁，永远欢乐。

当一个人落入极端情绪，甚至展现狂热行为，往往是无意识行为，情绪或行为表现仅仅是结果，不是起因。没有人会故意让自己痛苦，当认定松解了，情绪释然了，则失去了争辩的动机，失去了对立抗衡的动力，失去了保护信念的理由，恍然当初不是故意坚持，而是被自身信念所误导，被情绪和生理机制所驱使。

现实中我们常常忙于处理负性情绪所衍生的繁琐问题，情绪的水龙头坏了，不停漏水，排除积水、潮湿发霉、防堵渗水等，问题林林总总，但核心问题其实只有一个，就是水龙头坏了。

情绪上头时，失去了理智，触发了不理性的冲动，甚至不顾一切地举起情绪的火把点燃一切冲突，烧毁一切在所不惜。情绪平复时才发现伤害了他人，犯下了让自己懊悔的事。事实上，没有人喜欢陷入负面心境，当一个人难以平复情绪，卡在死循环的念头中，好似系统故障了，而疗愈也就是维修系统。

疗愈是水质净化，透过自我拆解和其他工具过滤杂质，除去脑袋中各种紊乱想法和情绪，还原清澈的本质。疗愈不是修剪杂草，而是将整株杂草连根拔起，给问题断根。检视一切合理或不合理的假设，给那不容置疑的认定无情地开膛剖肚。若只是吃止痛药，暂缓症状，一旦类似诱因出现，将再次触发类似的症状。

瑜伽、正念、运动、气功、改善饮食和睡眠作息、建立新习惯、调整认知、转念等方法皆可以提升身心健康，保持活力、提升专注力、平息念头等，但如果只是调整表相症状，没有根除问题，则像校调一辆赛车，减少磨损、提升运转效能、跑得更快，但生命依旧受困于相同的轨道中。

找到相应的解决方式，使用正确的工具，则事半功倍，电动螺丝起子可以轻易地取出锁在木板上的螺丝钉，若是用钳子硬撬，不仅费

力，木板可能应声崩裂。相同的，无法透过挨饿几周来减肥，而需要探究心理或生理层面的起因，以及相应的措施。

因此使用合适的疗愈工具来解套，好比自我解析、眼动来减敏情绪、催眠来转化认知、冥想来探索潜意识或进入意识改变状态来减弱思维模板的作用，从而以更加开放的视角看待问题。

但进入疗愈前，我们首先了解"自我"究竟是何物？

自我框架的桎梏

>横看成岭侧成峰，远近高低各不同。
>不识庐山真面目，只缘身在此山中。
>
>——《题西林壁》苏轼

你是谁，从何而来？尚未出生前，又是谁？你真正了解自己吗？大概会想，我从小随着这具身体长大，与大脑相依为伴，怎么会不熟悉自己？

但身在其中，往往当局者迷，不容易看清自己的样貌。你所熟悉的"自我"看似真实，其实更像一只灰尘兔（dust bunny）。在人生旅程中滚动着，逐一黏附起各种事物，知识棉絮、情绪灰尘、烦恼发丝、记忆碎片……纠缠在一块，七拼八凑出一个称作"自我"的集合体，成为一种身份认同，一种"自我框架"（framework of self）。

我们不是一片空白地降临到这世界，而是预载了一些先天气质。是否发现自己承袭着与父母或近亲种种惊人相似的特质？说话方式、走路姿态、喜好、思维方式等。同时，与生具来的生物机制推动着行为运作，饿了吃、渴了喝等。种种特质的驱动程式被写在基因分子中，深藏在身体的每一个细胞里。

同时，你是一个时代背景下的产物，脚下这片土地孕育了你，沿袭着祖辈的历史，一代又一代的接棒，辗转流传了下来。呱呱落地的那一刻起，汲取了种种认知，价值观、道德观、文化传统、饮食习惯、

原生家庭、宗教信仰、待人接物的礼节、浪漫或务实的生活态度。加上个人经验、记忆、习惯等，汇集成一个独特的自我，一砖一瓦逐渐搭建出了现在的你。

自我如藤蔓般生长，新生的触须探索着周遭环境。触须延伸的方向和路径不完全偶然，一部分天性使然，一部分被外部环境所影响。反复试错的过程中，合适的环境滋养了它，反之，被阻挠则停止生长或萎缩，自我与环境逐步交融，形成了一种独特的攀附形态。

寻找路径的类似行为体现在大脑神经元网络连结，或是粘菌（Slime mold）寻找食物的策略。粘菌，准确地说，多头绒泡菌（Physarum polycephalum），一种看似简单的单细胞菌类，却会走迷宫，完成一群优秀的工程师投注无数精力设计的复杂东京地铁系统，找到最短且最有效的路径。

察觉自我框架并不容易，犹如一条鱼在被捞出水面外之前，它无法理解，也无法意识到水的存在；一个人也有相同的困境，作为生物有机体，宇宙赋予了你一颗有思维运算能力的大脑，但同时，却也受制于大脑的预设思维模式，局限于神经元的运作，受限于语言、基因设定、生物本能、感官等作用。

如果一个人从出生起就戴着一副绿色眼镜，所见一切都将泛着绿光，无论别人如何生动地描绘这世界，当事人也看不见缤纷色彩，只是一如既往的绿，难以领会自己的"现实"是一个被染色的世界，难以体验本来样貌。

人们生活在同一个世界，却体验着迥然不同的现实。对同一事件把持着不同的见解，而衍生不同的情绪感受，构成天差地远的经验与记忆。换言之，自我框架决定了一个人的现实。

自我框架，认知、性格、态度、经验、记忆等，决定了一个人对外界现象的理解，决定了你与周遭人事物的互动，决定了你的感受与态度，进而塑造出独特的个人经验，反映出你独有的现实世界。然而，手握一把铁锤的人，眼中一切皆是钉子，认定即是现实，虽不一定映射在外在，但反映了内在现实。

答案就在我们自己身上，但囿于自我盲点，反观自己并不容易，有时离自己最远的就是自己。身而为人，对于人性却往往百思不得其解，不一定觉察自身某些特质，或受困于某种认知框架。我们对自我框架早已习以为常，以为自身的行为或思维模式无可非议，因此难以发觉其局限性，于是形成错觉，形成自我盲点，活在自己所营造出来的现实中。

自我盲点之所以棘手，也许知道自己不知道的，但不知道所不知道的。双眼被刺眼的强光照得睁不开，什么也看不清，直到一天有人提醒我们，协助关掉了聚光灯，这才看清了眼前的事物。领悟原来令人眼盲的强光可以被熄灭，而那强光可能是性格、认定、思维模式等。

但若不是反差对比，又如何觉察自我盲点？尤其在样本少的情况下，也许误以为自己是正确的，误以为人与人之间的冲突是"正常"现象，误以为症状只是偶然事件。

人与人之间的互动、交往关系、旁人提醒、特定事件、病症等，犹如一面面镜子，映照着一个人的状态。一些镜面清晰反射出真实情况，一些凹凸不平，一些模糊不清，一些则是歪七扭八的哈哈镜，曲解了的现实，但每一面镜子皆是让我们更深一步理解自我和世界的信息来源，"人家为什么这么说我？"也许不知道或不想承认自己情绪过敏或头上长了一对犄角，但当多面镜子映照出类似的影像，反复陷入类似的僵局时，似乎也不得不正视自身问题的可能性。

　　一个理性的人往往不是全然不明白或不愿意改变，但缺乏一个领会的契机，缺乏一个方针，缺乏一个完善的解决方案。为了疗愈，坦然面对自己的问题和情绪。面对，但不是纠结于曾经过错，不是翻旧账，也不是指责自己或别人。关键在于拆解自我的过程中，暴露了自我盲点，同时，消融了自我盲点。

　　不经一事，不长一智，成长过程中的不得以，往往只有一番折腾后，才厘清了问题的症结。但有些学习成本太高昂，太不值得，也许提前拆解自我，疗愈自我，在触礁之前学会分辨礁石，而不是等到船舱进了水，开始下沉，才惊觉大事不妙。

拆解自我

> 提起笔即是一场战役。
>
> ——伏尔泰（Voltaire）

在耗费大量时间和精力后，我们汲取了一个重要经验，想要有效地修复身体症状或解除自扰的情绪，必须先进行自我拆解。深入了解问题的起因，否则症状反反复覆，忙于维修同一类问题，成了一个没完没了且无趣地工作，昨天血压高，今天自主神经短路。

自我拆解，也就是自我觉察，自我解析，犹如生物学家研究动物的行为模式。退一步，成为一个自我的观察者，把自己作为一个研究客体，观察自己的行为模式、大脑的思维运作、情绪反应机制、和特定行为底层的驱动力等。

疗愈是一个认识自己的过程，解开自我这道谜题，起初也许看不清因果关系，只感觉被一团模糊的想法或感受所包围，情绪梗在心头，而自我拆解也就是排查大脑这台机器故障的原因，寻找造成理智当机的起因，为何无法停止死循环的念头？

也许不小心打翻了一杯咖啡，不舒服的情绪涌了上来，"哎呀！我怎么那么不小心？这个也会翻倒！"气馁自己疏忽犯错。没有人喜欢出错，但出了错，商品买贵了、伤害了他人、被欺骗，尤其是难以修复的错误，于是涌现出懊悔、内疚、挫败等情绪。

负性情绪推动着我们去探究起因和寻找解决方案，但如果没有找

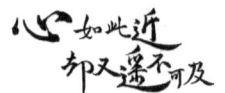

到合适的解决办法，或基于一些错误的假设或认定，无法消解负性情绪，那么情绪则造成自我纠结，或衍生出不必要的解读。

问题往往基于某些前提和假设，换言之，答案可能埋藏在假设中。小心地检视每一个假设，一步步回推，答案在过程中逐渐明朗。也许无意识地将打翻咖啡与"笨手笨脚"画上等号，于是得到了一个令人挫败的结论，"这也会翻倒，真是笨手笨脚！"懊恼的情绪推动着我们去怀疑自己，指责自己。拆解认知的同时，也可以进行眼动来减敏情绪，将负性情绪的冲击降到最低，那么打翻咖啡只是收拾干净，而不是自责。

关键是问对问题，一旦打破了坚固信念底层的假设，谜底也就揭晓了，所延伸的问题自然土崩瓦解。"我必须坚持这个信念，否则就会……"或"我应该……不然……"这是一个假设或真实状态？

自我拆解，坦承地面对自己，想象一位朋友坐在面前，真心诚意地关心你，聆听着你所分享的点点滴滴，生活中的困顿、矛盾、困惑、委屈、烦恼、不安或恐惧，无所隐藏地陈述着内心的种种想法与感受。将事件轮廓清楚勾勒出来，仔细地推敲问题的原委，也就是自我拆解。

纸笔是有效的自我拆解方式，想法和情绪的关联性纵横交错，夹藏着一连串模糊的因果关系，如果只在脑海中转一转，而缺乏文字逻辑的推演，那么往往停留在表象。将模糊的想法和感受转化为文字逻辑的过程中，大脑被迫重整思绪，努力梳理逻辑的一致性和连贯性，深入剖析层层交织的关系，厘清问题的始末。

将内心想法和感受表述出来，付诸文字，内容本身没有好坏、合理或不合理、有意义或无意义、深刻或浅薄的区别，关键是以文字为媒介，将模糊的想法和感受具象化，将无意识内容带入有意识的思维层面，具体呈现出来。

书写不限结构，不限对象，以自问自答的形式，写信的形式，写给自己、写给伤害过你的人、写给父母、写给任何人的公开信，也许书写完毕就直接揉成一团扔进废纸篓，也无所谓。但不落入主观的诠释，不沦落为一篇万字的抱怨或数落文，而是一篇客观的自我剖析报告，如何根本解决问题？

自我拆解的过程中，有意无意，隐晦不明的想法冒了出来，也许是有意识的认定，也许是习得或潜移默化的无意识模式，"感觉自己是一个失败者""坚强的外表下，我是一个受伤的孩子""没有人真正在乎过我的感受，没有人真正疼惜过我"谁能料想清理房间时居然还能翻出一堆堆杂物，意想不到脑袋中隐藏了这么多东西，同时，将长年囤积在体内的压力释放出来。

也许一直都以为自己很坚强独立，但也许某一天，有了精神的支持，自己的状态被理解体会，得以放松释怀的那一刻，才恍然自己不曾也不敢放松，因此放声痛哭。

自我拆解不是把人格切分为二，分成"大我"(Self)与"小我"(self or ego)，这类概念也许帮助我们认识自我的特性，但往往蔑视小我，成就大我。创造了小我，将一切错误都推托给它，一切痛苦都是它造成的，可怜、可悲、又可恨，拖出来毒打一顿，大声斥呵它，然后将一切以为的真理归功于大我。若试图切分出不同的我，小我、大我、超我、真我或各种角色的我，那只是徒增自我拆解的复杂度。

拆解自我框架犹如剥去一层层的洋葱皮，未解的问题层层包裹。剥去了一分框架的蒙蔽，则多一分感受，多一分体悟，更接近事物本

质，更接近自心。多一分笃定感，则少一分矛盾与彷徨，方向感自然浮现。

自我拆解是一个漫长的过程，并非一蹴而就，起初的状态摇摆不定，载浮载沉，时而清明，时而混沌。以为烦恼昨天解决了，今天却又冒了出来，如俄罗斯套娃，拆开了最外层的娃，里层藏了小一号的娃，打开一个，又藏另一个。问题似乎没完没了，总有打不完的地鼠，令人无比挫败。自我拆解也犹如解数学题，不理解时苦思冥想，一旦解开了难题，跨越了那一道似有似无的门槛，日出冰消，反而困惑这一道数学题有什么艰难之处？

眼动减敏情绪

让情绪成为指引，它虽然让你痛苦万分，也让你清楚看见有待解决的问题。事出必有因，情绪不会凭空出现，虽然原因不一定清晰，也许基于某些认知，反映了我们对于特定事件的解读；也许对于某些诱因的无意识和条件式的反应。

问题犹如打结成一团的毛线球，不知从何下手，而大大小小的情绪提供了自我解析的重要线索。什么原因让你沮丧？顺着情绪脉络，探究内在感受和想法，也许浮现"感觉不到自身价值，我什么都做不好"的认定，从而寻找解决困境的突破口。

强烈的情绪像耳边大声作响的警报声，淹没了理智，淹没了思绪，但情绪也是警钟。当火灾警报器响起时，我们无法忽视警报，否则大火蔓延酿成更大灾难。也无法通过剪断警报器的电线来解除火灾，无论是压抑情绪，透过酒精麻痹它，透过睡觉来闪躲它，合理化自身情绪等，皆只是暂时降温，并没有真正解除火灾的起因。

情绪如同感官感觉，痛觉是一种生理上的表达，本质上没有好坏；而情绪是一种心理上的表达，本质上也没有好坏，但如果没有好好地处理情绪，则会饱受其扰。而有时情绪系统故障，令人痛得窒息，痛得莫名其妙。

若少了痛觉，到处磕磕碰碰，难以觉察伤口恶化的情况，骨折时仍蹦蹦跳跳，那将是一场悲剧；若少了恐惧，无畏地在高处奔跑可能摔落危及生命，但如果光是想到乘坐飞机就腿软发抖，那么过度反应则是有待解决的问题。

情绪源于我们自己,不可能真正远离它,只有解除了原因才可能解除其扰动。看见了情绪,不去否定它,但也不必与它做朋友,不必相安无事的与它和平共存,重要的是探究情绪为何存在?如何平息它?

检讨酿起森林大火原因的同时,可以透过眼动减敏情绪,扑灭情绪的大火。当烈火熄灭了,浓烟散去了,头脑恢复了理智,更能够理性地探究根本原因。

说来不可思议,简单的眼动,眼球左右反复转动的动作,就可以达到缓解情绪的效果。无论是缓解创伤记忆所关联的情绪冲击,或减弱条件式的情绪反应,好比特定情境容易引发焦虑感。眼动当下,将负性情绪以及相关的记忆、念头、影像、感受等提取到意识层,清楚地在脑海勾勒出来,进行情绪"脱敏"或"减敏"。

"眼动"取自于眼动脱敏再处理(Eye Movement Desensitization and Reprocessing, EMDR),目的类似,但本书所采用的流程和策略有些差异。EMDR被应用于临床心理创伤治疗,尤其是心理创伤,创伤后压力症候群(Post-Traumatic Stress Disorder, PTSD),又称创伤后应激障碍。已获得美国精神病学协会(American Psychiatric Association)[1],以及众多心理治疗机构的认可。其用途广泛,包括退伍军人在战场上的创伤,也适用于其他心理症状,如焦虑、抑郁、恐慌、自信自卑、强迫症、失眠、成瘾等,以及心理层面所导致的生理症状,如慢性疼痛、饮食失调等。

也许认为需要专业人士来执行眼动情绪减敏,但以工具的角度而言,眼动减敏、冥想、催眠、瑜伽都是工具,只需要明白工具的用法,

---

[1] 美国心理学会指南开发小组推荐 EMDR Clinical Practice Guideline for the Treatment of PTSD

就可以帮助自己或他人。事实上，不只眼动可以减敏情绪，进入催眠和冥想等意识状态皆也可以减敏情绪，但眼动相对容易执行。

眼动减敏的原理没有明确答案，也许产生了类似传统催眠方法小球左右摆动的催眠效应。眼动不只减缓情绪，似乎也可以帮助大脑进入催眠和意识改变状态，进而重建认知。眼动的过程中，储存在大脑中的认知被"再加工"或"再处理"，重新消化认知感受，减弱了关联的负性情绪冲击，淡化了情绪画面。相同的事件记忆，却失去了曾经的伤害力。

当情绪和认定打结成一块，认定驱动着情绪，情绪反过来巩固认定，环环相扣，而情绪减敏即是将两者脱钩。当情绪和认定不再紧紧地捆绑在一起时，坚固的认定转为单纯的认知，不再非要坚守某些认定不可。

但使用前，请详阅这一行印着免责声明的小字。眼动情绪减敏不是万能药，如果没有厘清问题，没有拆解认知框架，也许可以减弱情绪强度，但很难完全释放情绪。

虽然情绪减敏不保证解决问题，但先止血再疗伤，减弱了不愿、不敢、无力感等情绪后，自然多一分意愿，多一分理性分析的态度，多一分突破的力量去解开看似纠结不清的结。

减弱了情绪强度，你依然是你，不会因此失去感受，面对现实困境，也许仍不喜欢当下处境，仍不同意他人的态度和做法，但情绪消退时，相对容易跳出来看待一切，而不是深陷在情绪泥沼中。

首先，找一个能够安心并专注的环境进行眼动，同时，找出期望被缓解的目标情绪，也许面对特定人事物容易紧张，也许某些挥之不去的情绪感受。

1. 闭上眼睛，调出情绪标的，意图解除的不舒服情绪感受，也许愤怒、恐惧、彷徨等，同时忆起相关联的事件，将画面勾勒出来。同时，评估情绪强度，以方便比对情绪减敏前后的效果。共10分，10分为最强烈，0分则是没有情绪扰动。目标通常降到3分以下，记忆画面感模糊或情绪不再自扰即可。情绪或画面感越是清晰深刻，减敏的效果往往越明显。

2. 将手指当作眼睛注视的移动标靶，伸到眼前约40—50公分的距离，以个人舒适为准。手指节奏性的左右摆动，移动幅度大约是肩膀宽，眼球跟随左右转动。摆动速率来回约1—2秒，如果太快，眼睛和手臂容易疲劳，太慢则可能影响减敏效果。每一回合的眼动摆动约1—2分钟或约30—60次。

3. 完成一个回合时，闭上眼睛，深深吸气，吐气放松，观察变化，情绪还剩下几分？哪里不舒服？事件可能相互串连，蔓延燃烧到相关联的事件或情绪上。重复相同的步骤，直到情绪降到可接受的范围。总共需要眼动几回合？也许三回合，也许更多，依个人需求调整。

眼动的过程中持续感受情绪和事件画面，情绪好似金属探测器所发出的反馈声音，哔——哔——哔——。越接近起因时，情绪也就越加明显，也许痛苦的记忆、绝望无力的感受或挥之不去的画面场景。

眼动减敏的感受相当微妙，过程中情绪强度逐渐减弱，一旦特定事件所关联的情绪减弱了，画面感也就逐渐模糊，清晰度下降，越来越难忆起细节，思绪开始飘移。此刻可能以为头晕或记忆减弱，但眼动其实不会影响记忆本身，不会清除知识。

同时，眼动可能诱发各种生理反应，放松、疲劳想睡、晕眩、嗯心想吐、肌肉紧张、肿胀感、气滞、打嗝、打哈欠、疼痛、压力感等，皆是常见现象。

有时眼动可能会释放过去被压抑的情绪，所积压的恐惧可能翻滚出来，像一头凶猛的老虎扑向你。如果情绪太强烈，大概勾勒出影像就可以开始做眼动，过程中不闭上眼睛，持续眼动，不计时间，直到情绪减缓。

恐惧也可能在冥想中发生，那么坚定地告诉自己，"我相信自己有力量！情绪和念头都是假象，不真实的感受，无法伤害我！"不回避情绪，专注于呼吸，拉长且缓和的吐气，持续放松身体，放松思绪。也许感觉自己快被情绪彻底吞噬了，保持放松，穿越它，释放它。

情绪减敏的时长可长可短，依据事情的复杂度，是否切中问题的症结？如果发现自己花费了很长的时间在处理同一件事情，情绪却迟迟降不下来，则需要进一步探究原因，找到支撑情绪的认知框架，是否真心愿意放下某些认定？是否愿意正视那疼痛的根本原因，抑或不自觉地闪躲，替情绪寻找"合理"的解释？

眼动减敏对于缓解条件式的情绪反应尤其有效，事件逻辑相对简单，对于特定诱因触发情绪反应，好比惧高、惧怕老鼠、消除一个不好的事件记忆，可能在几十分钟或更长时间解除；一些相对复杂的创伤事件、情绪低靡的起因或某些自我纠结的信念，则需要长时间且多次的层层拆解。

起初不一定有明显感受或变化，以为效果不彰，尤其因果关系含糊不清的情况下。也许长期压抑或某些原因，早已埋葬了真实感受，忘了将其藏在何处，以为事件过去了，情绪也就过去了。也许往事记忆被埋藏在深处，隐隐作痛，勉强忆起，却也只能看见模糊轮廓，但情绪表现不明显，最强烈的情绪可能也只有 3 分。这时从可忆起的不

舒服情境或想法开始做眼动，持续几分钟后，有机会把情绪诱发出来了。

如果能够定位情绪，察觉情绪的存在，其实也就足够进行眼动，多给自己一些时间进入那意识状态，几回合后，被埋藏的感受可能慢慢浮现，变得相对清晰，相对容易处理。

眼动情绪减敏的效果通常是永久性的，但也取决于是否根除了核心问题，以及是否解决了现实生活的境况。眼动的当下解除了一部分情绪，但不一定确切知道发生了哪些变化，或变化程度，直到类似事件再次发生时才有机会验证效果。可能蓦然发觉自己的想法和情绪反应和先前不一样，过去碰到同类事件时会焦虑，但这次好像"忘了"焦虑。

如果眼动可以减弱负性情绪，会不会一并丢弃了愉快的情绪？眼动似乎能够让情绪反应的阀门回归正常值，回到健康范围，虽然这数值范围说不准，但趋向自然状态，趋向健康状态。

事实上，过度兴奋，极乐狂喜，并不是真正的愉快，过于高昂激动的情绪对于身体是一种负担，超越了正常负荷的亢奋状态是躁动。中医提及"喜则气缓，志气通畅和缓本无病。然过于喜，则心神散荡不藏，为笑不休，为气不收，甚则为狂。"[1]

同意身为一个人，有情绪，有感受，允许情感的流露，没有什么情绪不可以被感受，不必批判情绪，不必赶走情绪，不必因为浮现了负性情绪而负面定义或谴责自己，不要认为自己不能愤怒、焦虑、嫉妒。情绪本身不是问题，只是一个结果，一味地遏止情绪表现只是抑制表象行为，并无法解除情绪。

---

[1] 清·何梦瑶《医碥》

勇于直面内心的真实感受，不闪躲，不再为自己辩护，不再否定，不再掩饰，不再隐藏，让模糊的感受进入有意识的觉察，有意识的雷达侦测，才能看清真实的自己。

承认一切感受，承认恐惧不安，承认被遗弃和缺少关爱的失落感，承认自己没有想象中的坚强，承认不自信，承认受伤的记忆……静静观照，体验每一个细节感受，让埋藏的一切浮现出来，同时进行减敏情绪。

也许不想分享内心真实感受，但关上门来，面对自己必须绝对坦诚，绝对诚实。若排拒感受，否认情绪，认为流泪是弱者，认为自己不可能脆弱，认为自己不能犯错，认为自己应该如何如何，或是困在某种"我认为"的死胡同。

给予自己更多的爱、鼓励、支持、拥抱，但不是自我安慰。安抚受伤的内在小孩或给予自我怜爱，也许有安抚作用，却也可能陷入自怨自艾的心境中。同理和共情，但不陷入同情。情绪陷落时，很容易陷入低迷的心境中，被同情、安慰、怜悯、可怜、悲情等感受产生共鸣，因此重要的是从那心境走出来，不要停留，否则就像站在流沙中，越陷越深，难以抽身。同时，这一类情绪很容易让我们陷入同情或弥补的心理状态，无论是同情自己或同情他人，于是无意识地承揽别人的问题，把别人的生命课题扛在自己肩上。

有时自己受了伤，但明白他人不是故意的，愿意原谅，愿意释怀，也不想责怪对方，但受伤的记忆和情绪却已然烙印在身体里，感受犹在，难受的情绪挂在那里，内心无比纠结。为了疗愈，承认自己受了伤，不再替他人辩解，不再替自己辩解，坦然面对内心的真实感受，同时减敏情绪。一旦释怀了情绪，往往也就松解了自我纠结。

不必浪费时间与头脑争辩，就算耗尽力气，我们的胜算也不高。

事情已然发生，无论合理与否，承认受伤，承认愤怒，承认所有的情绪，停止为自己的情绪辩驳，辩来辩去依旧停留在头脑层面的自我冲突，因此先进行情绪减敏。如果情绪巩固了认定，减敏情绪则是一个削弱坚固框架的快速方法。

身为人不可能没有情绪，没有喜怒哀乐，否则像行尸走肉般，失去了情感，失去了生命力。碰到挥之不去的情绪，要一个人学习忍耐、接纳或压抑情绪实为勉为其难，所以直接减敏情绪。如果不被认定或某些条件式的生理反应机制所钳制，一旦事件过去，也就很快地回到平静。

当情绪减缓，情绪与事件记忆脱钩，记忆依然如故，但情感真挚且自然地流动，放声大笑或失声痛哭。你却仿佛不再是故事主角，变成了别人的故事，事件本身似乎不再那么重要了，自然跳出来，以理性且全新的角度来看待同样的事件。

意识改变状态，脱离思维模板

大脑由上百亿个神经元所组成，只要大脑活着，神经元就会活动，并产生不同的意识状态。意识状态相当复杂，但可大略分为几种层次：完全清醒，有意识的思考；半清醒的恍惚状态，"催眠状态"（trance）、冥想或心理学的用语"意识改变状态"（altered state of consciousness）；做梦；无意识的深睡、昏迷状态等。

一群神经元活动时会放电，所产生的微小电荷叠加形成特定的脑电波模式，在大脑表层产生特定规律的电压波动，称之为"脑波"。当大脑处于不同的意识状态时，会以特定的方式处理信息，进而产生独特的神经元活动模式，构成不同的脑波型态。利用脑电图（EEG）仪器测量大脑皮肤表面，即可观测到脑波型态，依此判断一个人所处的意识状态。依据脑波的频率大略划分为五种阶段：

Gamma γ（30—42 Hz）：大脑高度集中精神思考的活跃状态，例如比赛中的运动员。30—44 Hz 是唯一每块脑区都有的波频，此波频的出现意味着不同脑区同时处理信息，稳定的 40 Hz 和良好的记忆力有关，缺乏此频段可能意味着学习障碍，但长期处于高频率可能表示处于焦虑状态。

Beta β（12—30 Hz）：清醒并全神贯注的精神状态，解决数学问题、计划、观察环境变化等。

Alpha α（8—12 Hz）：清醒，但平静和放松的状态，闭眼沉思、漫步在树林、放松等。处于反思性的思考和稍微分散的意识。多数6—

12岁孩子的脑波，清醒意识下处于 Alpha，随着年龄增长 Alpha 减少，逐渐切换成 Beta 为主。

Theta θ（4—8 Hz）：催眠、白日梦、冥想的意识状态，夹在清醒和睡眠之间的状态，计划性思维减少，专注力聚焦单一，对于周边外部的觉察降低。感受敏感度提升，更多的思维弹性，因此直觉性、创意或抽象想法增加。多数 2—6 岁孩子的脑波处于 Theta，随着年龄增长 Theta 减少，而 Alpha 增加。

Delta δ（1—4 Hz）：深度催眠、冥想或深睡。

意识改变状态是自然现象，除了外部或自我引导，也可能在不经意间体验到意识状态，虽有深浅的差异，如催眠、冥想、洗澡、上厕所、白日梦、重复性的运动。通常发生在安静且放松，心念单一或专注，不动用太多思考的情况下，周遭事物和时间感变得模糊。

意识改变状态不同于"心流"（flow 或 in the zone），一种高度专注且流畅的状态，忘记了周遭变化或时间流逝，废寝忘食，沉浸于浑然忘我的心智状态中。不同于纯粹静观的意识改变状态，心流仍仰赖思维模板的运作，专注投入电玩就是进入心流一个例子。

思维模式似乎由两种运作模式互补而成，一部分是"线性思维"（thinking），另一部分则是"感受"（perceiving）。"线性思维"是一项不可或缺的重要功能，进行逻辑推理和系统性的分析；而"感受"则是一种纯粹的体验，无论是情感、艺术、直觉等。感受不具象，需要透过线性思维来转化成有形的意象，透过某种媒介表述出来，无论是富含诗意的文字、象征性的图像、曼妙跳动的音符。

大脑在清醒的意识状态下进行线性思维，逻辑推演，但同时，也可能受制于"思维模板"的影响。处于清醒意识时，别人建议"放下吧！让它去吧！"思维模板可能马上反应"怎么可能？这件事很艰难，不可行！没听过，不可能！"一种无意识的反射行为，在没有机会思考前，大脑已经先帮你否定和回绝了可能性。

在意识改变状态中，也许关闭或启动了某些大脑机制，弱化了思维模板的作用，减少了主观认定，更容易跳出过去的思维模式，探索更多可能性，纯然地感受着"放下"的真正含义，而不是只听见了头脑的诠释。

在这独特的意识状态中，减弱了情绪的扰动，却提升了感受的敏感度。换言之，虽有相对清晰的感知觉受，甚至更加感性。有着清晰甚至更细腻的喜怒哀乐感受，但减弱了情绪的生理反应，减弱了情绪对于思绪的干扰，反而更容易回到理性思维。

因此许多疗愈和灵修方式的目的皆是引导进入意识改变状态，无论是眼动、催眠、冥想、动瑜伽、启灵药或超个人心理疗法中利用音乐或急促呼吸等方法。导入方式和意识深浅虽有差异，但皆是进入相仿的意识状态。

意识改变状态也是探索潜意识的意识状态，深刻的领悟可能灵光乍现，以直觉或灵感的意象浮现，而不是线性思维的理解，因此这独特的意识状态提供了疗愈一个重要切入口。心理学家卡尔·罗杰斯（Carl Rogers）如此写道，自己纯然感受来访者时的体验：

我非常珍惜这些直觉式的回应，它们并不经常发生……但对于推进治疗几乎总有帮助。那时刻，我或许会处于稍微改变意识状态中——停留在来访者的世界里，并与那世界保持协调一致性。此刻，我的无意识智慧接管了我的工作。我所知道的远远大于有意识的心智

所能感知的。并不是我有意识地组织自己的回应,它简单地从自我中浮现出来,理解他人的世界源于我的无意识感知。[1]

眼动、冥想、和催眠皆能够导入意识改变状态,但其中差异在于透过眼动减敏情绪;冥想探索潜意识,来领会另一层现实;而催眠的功用在于探索潜意识、转化认知架构、或化解特定的思维或行为模式。关于工具的应用,之后的章节会有引入更多的实例与方案。

意识改变状态的一个重要特征,也是催眠的关键作用,就是高度的"暗示性"(suggestibility),这意味着大脑具有更高的思维弹性和可塑性,更容易接受指令,改写既定的回路,写入新的程式,修改或覆盖旧的程式,进而产生疗愈效果。

在催眠状态下,"通常个体的思维参考框架和信念被暂时改变,从而更容易接纳其他联想模式和心理功能模式,而有益于问题解决。"[2] 换言之,意识改变状态是一个有效转化思维模式的意识区间,当大脑进入这意识状态时,相对容易化解思维模板、认定、习性或惯性。

思维模板的固着性有如一条看门狗,拒绝所有不熟悉的访客,抗拒除了已知范畴外的认知,汪汪叫"我不认同,我觉得……"提出各种质疑,抵制改变,直到它慢慢熟悉,符合它所认定的层层条件才放进门。进入意识改变状态时,让看门狗去睡觉,给自动反应按下暂停键,降低模板的主导性,卸下无谓的自我防御和抗拒,纯粹觉察并领会不同的现实,因此不必跟模板徒劳地搏斗着。

"我认为……我觉得……"的思维模板又像一个烦人的门卫,凡经过门岗都要经过他的再三巡查,戒备森严,各种冗繁问题,一切都

---

[1] Client-Centered Therapy: Its Current Practice, Implications, and Theory Bby Carl Rogers
[2] Hypnotherapy: An Exploratory Casebook by Erickson & Rossi

必须按照他面前那本厚厚的规范册子进行，里头写满了规则，记录着各种条文。逻辑上他也许知道可以变通，却又莫名坚持要按照规则走。

如果门卫对于什么信息都有意见，将一切阻绝在外，将会造成信息交流的困难，造成新概念的理解障碍。来来回回沟通不但费神，同时，门卫试图用它的认知规则去诠释一切，因此往往落入僵化的思维模式，少了接收新想法或感受的灵活性。

一次催眠中尝试拆解那道门岗，赶走门卫，不久后，我感觉大门被拆了，门卫不见了，改造为一个来去自如的开放式自由空间。有趣的是，不但守卫不见了，守卫室那本册子也不见了，也或许没有了守卫去翻找那本册子。所以曾经记录在那册子上的一切都不见了，失败感、无力感以及许多莫名感受都消失了，好似那些记录不曾存在过一般。回头看，发现原来看门狗和门卫都是一种机制，一种大脑的内建程式，当铲除了门卫机制时，许多莫名的认为或规则也就消失不见了。

事实上，门卫机制相当常见，不难在现实生活中发现踪影，许多繁琐的法律条文、不知在防堵什么的围墙、繁文缛节的规范、故步自封的限制、坚守某种信念等都是门卫机制的体现。门岗不见的那一刻，放声大笑那曾经藏在自己脑袋中的愚蠢机制。

冥想，以及对它的误解

"冥想"（meditation）是一个古老修行方式，但冥想只是一个统称，禅修、禅坐、坐禅、静坐、静观等皆类似。但也存在众多以冥想为基础的灵修方式，如正念、观修、观想、内观、默照禅、止观、道教的打坐等，各有其不同目的。

冥想有许多正面效益，有助于自我觉察，提升感官觉知与心境变化的敏锐度、提高专注力、平静思绪与情绪、放松身心。以个人经验，甚至能缓解一些被环境干扰所引发的生理症状，如头疼、皮肤过敏等。

正念（mindfulness），或正念冥想，是临床心理治疗中所广泛使用的冥想方式之一，主要关注起心动念，观察念头的来来去去，不做批判。这对于降低疼痛、创伤PTSD、抑郁、焦虑症状有着莫大帮助。对于部分患有严重抑郁者，无论是药物治疗效果有限，或不想或不适合服用药物的个体，如孕妇，冥想是一个很好的替代方案。

冥想的方法众多，但本质上皆类似正念。正念的定义有些许差异，但简而言之，就是回到此时此刻的觉知，以非评判的态度，不带认定的单纯地觉察当下所发生的一切，不做反应。

正念的关键作用在于让你成为一名观察者，跳出思维模板的"我"，将你从混乱的念头和情绪中抽离出来，在"我"和"我的念头"以及"我"和"我的情绪"之间腾出一些缓冲空间，以旁观者的角度，纯粹地觉察一切内外动静。

透过功能性磁振造影（fMRI）观察到正念所带来的不单是心理

层面的转变，也包括脑部物理结构的转变。冥想的练习让"前额叶皮层及前脑岛（insula）的脑区增厚，前额叶皮层相应于专注力的增长，而脑岛与直接、此刻的感觉体验有关，因此脑岛的激活相应于自我觉察能力的提升。"[1]

当大脑处于放松状态（resting state），没有专注于外部事物时，会进入"预设模式网络"（default-mode network, DMN）的活跃状态。产生自我参照思维（self-referential thinking）或漫无目的的思想漫游（mind-wandering），包括白日梦、回忆往事等思维活动。

"大脑清醒时，约有一半时间都处于思想漫游的状态中，而冥想练习的当下降低了预设模式网络中部分脑区的活动，尤其是内侧前额叶（medial prefrontal cortex）和后扣带皮层（posterior cingulate cortex），减弱了思想漫游。"[2] 换句话说，降低了胡思乱想的行为。

"正念冥想和单纯放松都能降低负向情绪，增加正向情绪，减少反刍性思考的习惯。"[3] "反刍式思考"（rumination）是心理学术语，简而言之，即是在同一个念头上不停打转，思维模板的"我"不停说话的结果。若反复咀嚼着同样的负面想法，可想而知，也就离不开负面心境。

若情绪的易感性相对高，表示大脑的情绪免疫力相对弱，容易被负性情绪所感染，一不小心吸入几口悲伤念头，则可能诱发抑郁，情绪被泛化并放大，使一个人困在抑郁的心境中走不出来。而正念冥想的练习将你从情绪的漩涡中暂时抽离出来，进行自我觉察，相当程度

---

[1] Meditation experience is associated with increased cortical thickness.
[2] Meditation experience is associated with differences in default mode network activity and connectivity.
[3] 《找回内心的宁静：忧郁症的正念认知疗法》Mindfulness-Based Cognitive Therapy for Depression by Z. V. Segal, J. M. G. Williams, J. D. Teasdale

的提升了大脑调节情绪的能力,降低了情绪的过敏反应,提高了情绪免疫力。也许听闻悲惨事件、回忆受伤往事或体验着悲伤情感,但相对不容易陷入情绪化的思绪中无法自拔。

无庸置疑,冥想带来众多效益,提升了觉知的敏锐度,分辨细致感受,带来了深刻的领悟,种种变化不仅体现在冥想的当下,也推动了脑部物理结构的变化,部分延伸到意识清醒的时刻,但这些变化究竟是暂时性或永久性的改变?一旦停止冥想练习,是否逐渐退回到原初的思维模式?

正念的策略有一个明显的瓶颈。若摄心一处,将心定于一处,就像将一头牛用绳子拴紧在木桩上,当念头升起,开始踱步就用正念的方法管教它。日复一日,关在牛圈的牛看似被驯化了,听话了,但它果真不再蠢蠢欲动?头脑就如此乖乖就范?

事实上,没有解除情绪背后的自我矛盾,没有解决现实中的烦恼,表面水波不兴,底层暗流涌动,积压的自我冲突或情绪只是等待机会再次爆发。

如果只是觉察当下所发生的一切,不做反应,忽略自我矛盾,犹如戴上一副降噪耳机,警报器不时大作发出尖锐刺耳的声音,却戴上正念耳机抑制噪音。冥想的当下虽然让思维模板的"我"暂时闭上了嘴,暂缓了叽叽喳喳的想法,降低了情绪的分贝数,但如果没有解决根源问题,一旦离开了那独特的意识状态,又被那大声作响的情绪淹没了理智。

冥想的目的不是关闭思维或压抑思维,若没有了思维,与枯木有何差别?就像端着一杯混浊的泥巴水,努力维持不晃动,好让思绪和情绪慢慢沉淀下来。屏气凝神,小心翼翼,生怕稍微地起心动念,搅动起念头,扰动起情绪。为了保持平静,被迫时时刻刻倾注于平静的练习，关注每一个起心动念。平静成了目的，而不是自然而然的结果，于是正念成为一份耗时耗力，却又不得不做的工作。

随机冒出来的想法不一定代表你，但往往基于某些信念或思维模式，如果以为念头虚幻不实，过眼云烟，不思量前因后果，没有根除烦恼的起因便随它去，那不是真正放下。那只是不清洗垃圾桶，却学习忽视臭味，忽视自我矛盾，试图说服自己臭味只是幻觉，不真正存在。如果只是放空或不思索，不过眼不见为净，本质上问题仍闻风不动。

用而不住，平静不是没有念头。念头本身不是问题，自扰的念头才是问题。根源问题解决了，或尽心尽力后的释然放下，想法才算是单纯的想法，浮云飘过，不再烦扰自己；或少了认定的维系，不再衍生出种种莫名想法，因而回到平静。

当除去了种种认定，对境时心不染着，念头自由地来来去去，"于诸境上心不染，为无念，于自念上常离诸境，不于境上生心。"《坛经》蒲公英的种子在空中随处飘扬，散落各处，寻找合适的土壤落地生根，若没有扎根之处，没有合适的土壤生长，没有了信念的相呼应，下一刻，念头随风散去。不住相是一种自然而然的结果，不是头脑层面的刻意练习。

在此，冥想作为一个自我觉察以及探索潜意识的工具，其目的在于探究根源问题，拆解自我。由于特殊的意识状态，暂时橇开了思维模板的一角，模板不再主导或覆盖一个人的思维或感受，而醒悟自己所落入的性格陷阱、情绪困境或打结想法。配上眼动化解情绪，当事人可能大梦初醒般的恍然，"回家的路上，步伐轻盈，我感觉到了踏实。从前父母说做事踏实些，但我无法理解。"当事人充满疑惑，为何有如此深刻地领悟？

同时，在意识改变状态中有机会体验到另一层现实，经历"灵性经验"。那惊鸿一瞥的体验虽然短暂，却足以让人觉察到一个崭新的范式，瞥见了自性的模样，那种觉知有助于一个人忆起本来真面目的样貌，嚼了一口辣椒，便难以忘记那火辣口感。

然而，不刻意追求灵性经验，那仍是形而上的经验，不是一个人真实的状态。若没有持续自我拆解，体验只是体验，并不是真正的领悟。经验虽然深刻，但一旦离开那意识状态，思维模板又渐渐覆盖了回来。随着时间流逝，逐渐模糊淡忘，逐渐回复到过去的思维模式。

此外，冥想有一个潜在风险，在那意识状态中可能读取或连结到其他空间维度的事物，若追求外部连结，观修连结外在灵体，这对身体敏感者尤其危险，不经意间可能衍生身体病症或精神方面的问题，混淆现实与想象。

关于精神病症与催眠的现象，心理学家米尔顿·艾瑞克森和卡尔·荣格都提及了相似的判断，精神病学的现象体验与深度催眠极为相似，两者都有退行、分离、记忆缺失、知觉和感觉改变、象征性符号表达等。两者的心理状态都是潜意识的放大表达，在体验和现象性的形式没有太大差别，然而由于内在认知层面的投射，产生了千差万别的经验结果，精神病患体验着一个局限性且痛苦的现实，而深度催眠中的当事人进入一个放松并自我觉察的过程。由于冥想和催眠的意识状态相似，所导致的问题也相仿，因此要特别谨慎。

催眠认知转化

许多人误解了催眠，以为催眠是舞台上表演平躺跨在两条椅子上的钢板人，或自主意志被控制，无法左右自己。实际上，催眠治疗早已被美国心理医学界广泛使用，在临床心理治疗占有一席之地，尤其是在治疗疼痛、成瘾、焦虑症等方面有显著效果，以及减轻部分精神疾病的症状。

心理学家米尔顿·艾瑞克森（Milton H. Erickson）将催眠治疗推到了极致，发展出高度纯熟的催眠手法及策略，来应对临床心理治疗的种种挑战。虽然简单的眼动无法包罗种种复杂的临床场景，但可以导入催眠状态而达到类似的疗愈效果。

催眠的目的与手法，也就是利用意识改变状态中的开放性、弹性以及其高度的暗示性，进行认知转化。就像艾瑞克森多次提及的，"有疗效的催眠体验取决于暂时缩减清醒意识下的固着模式和信念体系。从而使受催眠者更加开放，接受并体验不同的联想模式和思考模式。"[1] 换言之，跳出习得的认知限制与过去的参考框架。他采用多样化的催眠策略，好比混淆手法，目的大多在打乱思维惯性。

催眠状态（Trance），在中文里最接近的描述是"出神"或"恍惚状态"，但其实不是很精准，因为催眠处于放松但专注的意识状态中。事实上，被催眠者始终保持清醒，对于外在事件和内在想法都是清晰的。当事人有自我意愿，有着自由体验的选择权，并不会随意跟

---

[1] Hypnotic Realities: The Induction of Clinical Hypnosis and Forms of Indirect Suggestion by M. H. Erickson, E. L. Rossi, S. I. Rossi

随那些与个人价值观有落差的指令。催眠不是强加某些概念于被催眠者，而是引导当事人去感受，挖掘自身本来就拥有的资源，启发潜伏在潜意识的本能。

艾瑞克森不仅善用催眠为心理治疗的工具，也透过自我催眠来引导自己去应对来访者的不熟悉症状。

艾瑞克森："当下如果我对自己看到重要情况的能力不敢确定时，我就会进入催眠状态。当出现与患者有关的关键问题时，而我又不想错过任何线索时，我就会进入催眠状态。"

Rossi："你是如何使自己进入这种催眠状态的？"

艾瑞克森："这是自动发生的，因为我开始密切追踪每一个可能重要的动作、象征或行为表现。当我开始跟你讲话的当下，产生了隧道式的视觉，我只看到你和你的椅子。当我看着你的时候，这种可怕的强度就自动发生了。'可怕'一词不正确，而是愉快的。"[1]

虽然仍难以解释催眠当下脑部的运作原理，但借由功能磁共振成像（fMRI）造影技术，可观察催眠作用下不同脑区和神经元的活动。从神经生理学特征而言，催眠和冥想两者状态相当类似，无论是行为层面的表现或是脑部意识活动的状态。两者皆放松平静，减弱了头脑意识的主导，虽然反应变慢，神情发愣，但意识清晰，聚精会神于微细的感受，纯然地觉察着内外周遭的变化。催眠状态是一种暂时性的解离（dissociation），但不同于情感解离。解离，暂时弱化了思维模板的牵制，减缓了情绪的冲击，而相对容易进入纯然地觉受。

---

[1] Autohypnotic Experiences of Milton H. Erickson.

除了透过催眠探索各种可能性，同时，也进行认知转化。以个人经验为例，家门前面那条马路很吵，车子来往的噪音令人难以入睡，经常把我吵醒，影响睡眠品质。久而久之，内心产生一种厌烦感，因此尝试透过催眠来改变认知态度，"每一台车经过所产生的嘈杂声让我放松，越是大声、越是嘈杂的声音，我就会进入更深沉的睡眠中。"这听似极为矛盾，但头脑可以适应你给它的新规则，只要是自己同意的。这没有让我爱上嘈杂声，仍倾向安静的环境，但大幅减弱对于噪音的厌烦感。

接受催眠引导，进入深度催眠状态时，有时只要提到关键字，抛出正确的饵，好比"我的想法跟别人起冲突，别人反对我。"就可能触发相关情绪，肌肉或脏腑也可能作出反应，也许出现烦躁、生气、胃肠收缩、呼吸急促、肌肉紧绷等。此刻，可以进行情绪减敏，或转化认知来化解特定的情绪或生理反应。

相较于冥想，若是接受外部的催眠引导，心无旁骛地跟随催眠指令，无须太多思考活动，因此相对容易潜入更深的意识状态，体验也相对清晰。

催眠状态的深浅并没有一条具体的界线，深浅因人而异，有些人容易进入深度催眠，如梦境般鲜明；有些人则停留在浅催眠，似乎跟清醒时没有什么差别。

但深浅不代表催眠功效的优劣，重要的是能够深入感受、探索潜意识或接受催眠指令，若是产生了疗愈效果，便已经达到催眠的作用，如艾瑞克森的描述"用于治疗目的的催眠状态可以是轻度的，也可以是深度的，这取决于当事人的性格、问题的性质以及治疗的进展等因素。有时，即使是严重的问题也只需要轻度催眠，而有时相对轻微的

困扰则需要深度催眠。临床经验和判断才是最佳的决定因素，若效果不佳，永远可以采用其他类型的催眠。"[1]

然而一个有效的催眠疗愈需要当事人全神贯注，并积极地接受引导。如果恍神或注意力游离，信息接收则可能出现障碍。如果头脑不能安静下来，总有许许多多的认为或想法，或不愿聆听指引，则无法越过看门狗的机制。换言之，没有敞开大门，则很难将信息传入脑袋，难以进行认知转化。

---

[1] The Collected Works of Milton H. Erickson, MD: Volume 2: The Nature of Therapeutic Hypnosis by Milton H. Erickson

在潜意识的大洋钓鱼

为什么容易焦虑紧张？也许是天生性格使然，也许受到后天环境的影响，也许某些记忆和认为埋藏在潜意识中，成为一种无意识的认知或感受，悄悄地影响着一个人。

潜意识是一个巨大仓库，埋藏着关于你的一切，也许埋藏在某些神经元网络中，也许跨越到其他维度。睡梦中奇思妙想，或误触了藏在脑神经元集丛的记忆，于是噩梦拜访。个人经验而言，虽早已毕业，却不时在梦中填写试卷；离开工程师岗位多年，却不时编写一行行永远不会被编译的代码。

透过冥想或催眠等方式，进入意识改变状态，读取潜伏在意识底层的内容，无意识的行为动机或认定。探索潜意识有如潜入黑暗的洞穴中探险，不知道会碰上什么，朝深不见底的洞穴扔下一个问题时，有时听见了深处的回响，有时则寂静无声。

在心理学中，"潜意识"（subconscious）的正式用词是"无意识"（unconscious），但"无意识"这词汇本身的多重含义容易造成混淆。"无意识"有时表示不自觉的行为，或没有被觉察的想法；有时表示不省人事的意识状态；有时表示进入意识改变状态中，读取潜伏的内容。

为了避免混淆，本书用"无意识"一词来表示没有被觉察到的行为或思维模式，而"潜意识"一词则表示潜伏的状态。也许这比喻不是特别到位，但潜意识好似在海面下。水面上的雷达难以侦测到水平

面下的物体；清醒的意识层难以侦测潜伏在潜意识层的内容。进入意识改变状态，犹如一艘潜水艇潜入海底深处探索海面下的世界。

潜意识的内容也许藏在某些神经元集丛，也许埋在某些生物机制里，也许飘浮在时空中。内容本身不具象，因此借助某种媒介呈现，将不具象的内容上升到有意识的层面，以隐喻性的意象、视觉图像、感知觉受等方式呈现。有些内容清晰，直觉领会，有些则隐晦不明。

意象往往以脑海中最接近的象征性概念来呈现，因此内容本身高度个人化，仰赖一个人的认知概念和经验。化学家奥古斯特·凯库莱（August Kekulé）梦见了蛇咬自己的尾巴的意象，发现了含有六个碳原子的环状结构有机化合物，苯环。而类似的睡梦经验，药理学家奥托·勒维（Otto Loewi）梦见了一个实验设计可能可以验证神经冲动与化学传递的相关性，一觉醒来，复制了梦中的实验设置，证实了假说的正确性，而收获一枚诺贝尔奖。

在意识改变状态中，潜意识的内容可能冒出来，被压抑的情感或被遗忘的记忆翻涌出来；出现身体不适、疼痛或其他难以描述的感觉。

有时持续放松，调整呼吸，感觉将不舒服的感受释放，吐气候呼出去，或透过眼动来减敏，来化解情绪；但有时卡在某些情绪过不去，也可以尝试催眠的手法来转化运作模式。

探索潜意识又好似在潜意识的大洋中钓鱼，抛出一个合适的"诱饵"，一个清晰的指令，好比"我想要平安，想要内心的平静"，透过诱饵将感受或想法引诱出来，也许钓到"我感到不安，是因为……"同时减敏情绪，并进行认知拆解，继续往下探寻，找到真正不平安的原因。引起烦恼的原因有很多种，只有抛出了合适的饵，问对了问题，才能钓出真正原因。

凭依内心感受作为引导，或"聆听内心"，但不是聆听心跳或呼吸声，不是聆听头脑说话的声音，而是抛去认定的纯然感受。静观感受，可能浮现出直观觉知，浮现出细微感觉，进而领会事物的本质，而不是头脑的诠释。

事物本质的概念听起来很抽象，但"本质"意味着事物本来存在的客观状态，而不是自我的主观诠释，把事物套入某种自己认定的认知框架中。在意识改变状态中，暂缓了模板的作用，因此容易松手自我认定，摘下了有色眼镜，而看见事物的本来样貌，这也是探索潜意识的一个重要作用与目的。

诱饵没有正负之分，关键是寻找到能够诱发情绪的关键词，可能是"我想要放轻松"，也可能是"我对生命感到无比的倦怠"。不一定知道会钓到什么，起初也许只感觉到心脏蹦蹦跳，也许一些随机想法或情绪冒出来，持续静待变化。

抛出"放轻松"或"生命感到倦怠"的诱饵，将指令复诵几次，接着静静等待鱼上钩，让头脑自动搜寻，但纯然地觉察，不刻意想象，也许情绪冒出来，也许意象浮现，也许出现生理反应。钓到了某种情绪或感受时，慢慢收鱼线，将感受提取到有意识层。

也许反映在情绪上，隐隐作痛，感觉到"紧张不敢放松，害怕总有什么糟糕事会发生""过去总是被管教，被数落不是，被严格地要求，于是心生警觉。放松时，就会感到不安""人生似乎找不到什么可以真正快乐的事""忆起那些画面，令我感到无力、委屈、悲伤……""那烦人的声音在脑海中挥之不去，我快要精神崩溃，快要疯了！"

也许诱发生理反应，无力感、倦怠感、头疼、肌肉紧绷、肿胀、肠胃绞痛等不适症状，或"肠胃的部位好似化不开的浓稠泥沼"。

也许以意象呈现，"一具饿得像皮包骨似的身躯""站在干旱裂

开,寸草不生的土地上",或出现莫名的心理阻力或抗拒,"坐在懒骨头的沙发中起不来,生命好累,不愿站起来。好不容易将自己拉出来了,却又躺在地上不动"或"快乐对我而言是如此遥不可及"。

也许是直觉领悟,一种未曾思议的领会,如一道亮光闪了进来,"我不快乐,因为太苛求自己了,太可笑了!为什么要如此折腾自己?"

捞出了种种不舒服的感受,可以先用眼动减缓情绪。若是减弱了情绪的阻力,也就减弱了对于直面问题的莫名抗拒。不要被情绪骗了!理性上我们往往知道是某些记忆、性格或信念所带来的困扰,可能隐约知道是某种思维模式惹的祸,但直面它却又无比煎熬,于是无意识地顺应情绪,尝试合理化情绪,忽略了审视情绪的合理性,没有给问题的起因斩草除根。

情绪,尤其是恐惧,成了生命前进的巨大阻力,窒碍难行,于是我们试图寻找各种变通办法,绕了一大圈又一大圈。也许为了回避缺乏信心所造成的麻烦,因此以特定的行为来掩盖自卑感、回避某些场合或内在投射来补偿,有意识或无意识地回避根本原因。

"我要平安,我要轻松"是一个诱饵,但诱饵本身不会让你感到平安,更不是一个可追求的目标,如果将诱饵当作目标追逐,只是增添疗愈路上的障碍物。诱饵是一个使力点,一个搜寻的关键字,意图在诱发阻挠你达到平安的阻碍,也许某种无意识的认定。

感受并推理合理性,但不要落入了头脑地想象,一旦开始想象也就无法纯粹觉察,想象平静、想象活在当下、想象爱、想象感恩,皆是头脑作意。想象也就不是在钓鱼,而是创造一条自己所认为的鱼,在鱼摊上选鱼,"我没有钱,我没有……所以不能快乐。"拮据的经济现实会造成相当程度的心理压力,但不一定是不快乐的主要原因。

抛开头脑的认为，进入潜意识钓鱼，静静感受自己不快乐的情绪，当浮现相关联的想法或感受，进而推导造成自己不快乐的起因。

在意识改变状态中，看似简单的催眠引导或眼动情绪减敏，却往往诱发不可思议的感触，或自发性的调整。当你契合于真实自己时，好似找回失散已久的孪生兄弟姐妹般，也像是迷路已久，终于找到了回家的路，而悲从中来，又破涕而笑。找回自己是一种自在舒展的轻松感，一种恍然，一种感动。

探索潜意识，可能帮助回溯一些问题的来龙去脉，可能挖出一些遥远的记忆碎片和朦胧感受，读取到一些被"遗忘"的记忆，宛如解开了身世之谜，恍然事件缘由，而如释重负。

有时潜意识被认定是伪科学，因为难以考证潜意识内容的真实性，也难以证伪。意象呈现在脑海中，可能捕捉到生活中零星的想法，可能读取到遥远的过去，也可能连结到一些飘浮在时空中的信息，但不易分辨哪些是真实的，哪些是头脑的虚构。

大脑不自主的随意填空想象，看图说故事，天马行空地编织一些故事来解释意象，不着边际的随意连结，于是弄巧成拙，无意间给自己植入一套虚构记忆，凭空编造一些不曾存在的"事实"，分不清现实或想象，因此要特别小心并谨慎地推论内容的逻辑性。

意象的呈现状态因人而异，也许脑海中没有出现意象，或意象相对不清晰。然而，探索潜意识的目的只是寻找无意识的起因，不必赋予意象本身太多意义，过分依赖也有其风险。意象虽有帮助，但不是疗愈的绝对必要，不要刻意追逐意象，关键是觉察身体和情绪的变化，清楚识别微细感受，以此回推起因。

生理病症，身体不骗人

是否观照自身的情绪作用，或压抑或忽视它？内心的痛苦挣扎不一定展现在明显的情绪起伏上，感受也许不清晰，不一定觉察自己的压抑、不容易放松或背负着巨大压力，但身体不骗人，诚实地表达了心境状态，肠胃可能不好，时不时罢工。

不放任情绪，但压抑或强迫放下只是一种情绪控制的练习，一种斯多葛主义般的坚毅精神。抑止情绪波动得到了一种平静的错觉，却似乎更接近自我麻痹。不掉泪看似坚强，但坚强表象下，一个人究竟要经历了多少风霜，才能练就不流泪的功夫？

若长期压抑，而忽视了起因，犹如不停升压的高压锅，也许疲劳或酒精弱化了意志力，压制不住的情绪炸了开来，出现酒后失控、噩梦中惊醒、精神崩溃等问题。

请善待自己！不要以极端的策略对待自己，虽然哲学家弗里德里希·尼采那句"那些杀不死我的，必然使我更加强大！"非常激励人心，但过度严苛的精神磨练可能造成反效果。高强度的锤炼也许增进了忍耐度，捶打出了钢铁般的意志力，但过度的肉体磨练可能损坏身体；同样的，表面看似坚毅，过度的精神磨练可能麻木内心感受，磨损情感。

若长期压抑内心感受，压力无处可去，那股被压下去的压力可能囤积在身体某一处。久而久之，没有被化解的情绪可能转变形态，转为愤怒，转为怨恨，转为情感过敏或麻痹，或生理机制失常，转为莫名的生理病症，转为心身症（psychosomatic），出现内分泌失调、免疫性系统失调、高血压、胃痛、头疼、失眠等层出不穷的症状。

心理压力推波助澜，成为各种莫名病症的帮凶。短暂的压力提高荷尔蒙浓度，如皮质醇（cortisol）、肾上腺素（epinephrine）和去甲肾上腺素（norepinephrine），有助于提高专注力或整体表现。同时，若能掌握好心理压力的调节，将提升一个人对环境变化的适应力。

然而严重或慢性的压力可能导致体内持续发炎，不但扰动免疫系统，也扰动大脑的情绪调节功能，诱发类似抑郁的症状，因此恶性循环，难以调适压力[1]；或导致皮质醇水平居高不下，而负面冲击大脑功能，损害海马回，导致记忆力下降，或扰乱了前额叶的运作，影响情绪调节或专注力[2]。高度的压力也冲击着其他系统的运作，包括睡眠、新陈代谢、心血管、免疫系统等。甚至经由表观遗传机制的作用，大脑和身体上有害且永久性的变化将伴随自己一辈子，或传递给下一代。[3]

身心的关联性，从中医的角度理解，心烦是心理状态，但也可能生理机制使然。这一点印证在自己身上，烦躁感与皮肤过敏有很大的关联性，在意识改变状态中，唤起皮肤过敏，也会唤起烦躁感，反之亦然。因此有时能够从生理病症上反推心理状态，进而拆解无意识的思维或行为模式。许多受伤记忆在认知层面已经过去，却藏在身体里，五脏六腑中，身体无法放轻松，心情也很难真正轻松。

身与心的联结密不可分，相互牵动，因此除了情绪感受，生理病症也提供了重要线索。烦与躁虽然都是心理状态，但从心理和生理层

---

[1] Immune and Neuroendocrine Mechanisms of Stress Vulnerability and Resilience.
[2] Stress Effects on Neuronal Structure: Hippocampus, Amygdala, and Prefrontal Cortex.
[3] Neurobiological and Systemic Effects of Chronic Stress.

面而言,烦与躁其实是两种不同的状态,"内热为烦,外热为躁,烦出于肺,躁出于肾,热传肺肾,则烦躁具作。"[1] 心烦、不安或烦躁属于烦,觉察到自己烦躁;暴躁、躁动或狂躁则属于躁,当事人不一定觉察自身情绪不稳定或过度亢奋。

空气中散播着相同的病菌,为什么有人毫发无伤,有人却高烧不退,卧床数日?一大原因在于相对弱的免疫系统让病菌有机可乘。当身体某一处薄弱时,就容易出现病症。生理上可能是脚踝旧伤复发或气候变化引发气喘;心理上可能是落入沮丧或焦躁不安的心境。一个人"脆弱"的地方通常在同一处,受扰动时,引发类似症状或特定心境。

长期压力的累积会增加一个人患上身心疾病的风险,尤其对于系统中最薄弱的地方产生冲击。病症的类型可能取决于一个人最脆弱的部分,也许先天基因或后天环境所导致。若是心血管系统,可能引发头痛、高血压、胃溃疡等;若是内分泌或神经递质系统,扰动了大脑的神经系统,可能引发心理症状,情绪波动、抑郁、焦虑等。

由于身心的关联性,疗愈不只聆听内心感受,也聆听身体上的细微变化,透过生理状态来回推心理状态。闭上眼,专注身体紧张或不舒服的部分,专注呼吸并放松,静静感受,也可以尝试透用眼动的动作进入更深的感受,相关联的情绪感受有时会浮现出来,乃至自发性的调整。每个人的经验皆有差异,以个人而言,深入感受或调整时经常感觉到身体或脑部的变化,打哈欠、肌肉紧绷或放松、疼痛感或肿胀感等。

不是每一个内脏器官都有神经,以个人经验而言,容易感觉到肠

---

[1] 清.林佩琴《类证治裁》

胃绞动、心痛、头疼、肺部发痒、背部肌肉紧绷等，而肝脏或胰脏没有神经，似乎只能从相关症状推断。大脑本身没有神经，但大脑外部的神经可能引发侧边、前方、后方、内部等不同部位的疼痛感或肿胀感。

生活在忙碌且快速步调的城市中，缺少肢体活动，也鲜少有机会静心感受，似乎遗忘了身体的作用方式，而瑜伽或类似的练习唤醒了身体。

健身或瑜伽是发掘和校正身体的好办法，从一个人的体态、肌力、筋骨柔软程度等找到线索。尤其是瑜伽，虽与觉醒无关，但练习某些姿势、拉伸和训练肌力时，意识到身体的局限性，以及需要调整的部位。

当静静感受，某些瑜珈姿势可能释放埋藏在体内或肌肉中的情绪。以个人经验而言，下背部旧伤，脊椎容易错位造成疼痛，几次的婴儿式和扭转下背放松时感到轻微的悲伤感。

除了感受身体的活动，感受大自然也同等重要。身体源于大自然，离不开大自然。远离了大自然，则感应不到日月星辰的浩瀚无垠，感应不到山河大地的磅礴气势，感应不到自然的气息。远离了大自然，犹如一棵被种在矮小盆栽里的植物，无法生根入土稳固抓地，难以汲取大自然的滋养。

原谅自己吧！

有时我们带给他人欢笑与温暖，有时却不经意间伤害了他人，犯下无法逆转的过错。回首过往，也许不确定如何原谅自己曾犯下的错误，尤其是那些伤害到他人的行为，有意或无意。也许内心懊悔不已，不愿面对那样的自己，不愿原谅那样的自己，但不幸的是，时间无法逆转，我们也无法一直留在过去的内疚。

好事坏事都是自己的一部分，只有学习原谅自己，放过自己，才能真正疗愈自己。也许难以接受自己伤害了别人的事实，难以接受自己所犯下的过错，但我们赶不走自己的过去，若排斥自己任何一部分，则是自我分裂，无法合一，也就无法聚合一个完整的自己。不必替曾经的自己辩护，昨日的错误成了今日的警惕，唯有放过了自己，原谅了自己才能真正疗愈。

接纳自己！那才是疗愈的开始，疗愈建立在坦然接纳自己的基础上。反观自我非常重要，但过分严苛的自我检视或自省，则变成了自我怀疑，好似一手拿刀子捅自己，另一手急忙护住自己，一种自我矛盾的行为，而心生焦虑。

宽容，但不纵容，接纳不是放任自己的脾气，不是姑息习性，更不是恣意妄为的伤害他人。任凭情绪发泄不是一个有效解除情绪的方法，那是顺应习性发挥，没有学习如何处理情绪，也没有解决问题，久而久之，被习性所奴役，甚至放纵情绪，被自己的理直气壮拖着走。

放松身心

也许情绪感受令人痛苦,所以无意识地选择了忽视身体的讯息,逐渐抽离,变得不敏感,但我们无法远离身体,身体是我们与世界互动的介面。行走在这世界上,仰赖大脑的思维作用,仰赖感官知觉来觉察周围的一切动静。若不在乎身体,不去聆听身体,那么身心脱节,难以辨识情绪或身心症状的起因。

刻意放松和瑜伽皆是连结身心的好办法,虽然说放松,释放积累在身体的压力,放松长期紧绷的肌肉,专注于身体和思维的细微变化,实则一个高度全神贯注的任务。

呼吸有助于专注与放松,透过调节呼吸来释放情绪或肌肉紧绷感。腹式呼吸比胸腔呼吸更加稳定且流畅,胸腔呼吸容易感觉呼吸短促。但呼吸只是手段而不是目的,极其简单的呼吸方式,自然顺畅即可,不必刻意讲求特定呼吸形式,关键是达到最大的放松效果。同样的,不必拘泥于特定姿势,正躺、侧躺、坐在椅子上、盘坐,主要是舒适,避免造成身体不适而分心。

找一个安静,可以全然专注且放松的环境,这不是克服外境嘈杂声或腿麻的练习。如果心神难以聚焦,难以停留在深度的意识改变状态,不断地被唤醒,不断地睁开眼睛,也许莫名的惶恐、被外界干扰或紧张不敢放松,那么放松或疗愈效果将大打折扣。

放松时,可以先专注于局部放松,尤其从最敏感的头部、脸部和颈部开始,再进入全身扫描。关注呼吸,放慢拉长呼吸,逐一放松每一寸肌肉,放掉所有思绪,观察变化,持续放松紧绷的部位。

  放松的过程好似除去水中杂质,回到清澈的本质,回到纯粹的本质,放掉一切不轻松的感觉,释放一切难受的情绪,释放一切紧张和紧绷感。在释放的过程中,聆听身心的细微变化。

  吸气时,专注在紧张、身体不适的部位或纷乱的思绪,深深吸入空气,吸饱气,将力量注入所关注的部位。缓缓吐气,持续放松。在每一个轻柔的一吸一吐间逐渐放松,进入无用力的状态,达到深层次的放松。完全放松,放掉所有力气,感觉地面、床或椅子托着你。放掉所有重力的束缚,将所有力量释放到所躺的床或坐的椅子,感觉全然的轻松感。

  放松的过程中,身体可能出现微细变化,松解、酥麻、发胀、发痒等现象,也可能出现紧张、紧绷、疼痛或其他不适症状,持续关照,并专注于松解阻障的部分。

  当下可能睡着了,不用太在意,也许睡眠是身体此刻最需要的,但如果每次都睡着,那么可能需要换一个姿势,否则没有机会真正放松。

3 谁创造了你的现实？

> 那是真的，我向你揭示的。没有神，没有宇宙，没有人类，没有人世间的生活，没有天堂，没有地狱。这只是一场梦，一场怪诞且愚蠢的梦。除了你，什么也不存在。而你只不过是一个思想，一个浮荡的思想，一个无用的思想，一个无家可归的思想，在空洞洞的苍穹之中，迷惘地漂泊游荡着。
>
> ——《神秘的陌生人》（The Mysterious Stranger）马克·吐温（Mark Twain）

夜深人静迷惘时，也许你会问自己，"我是谁？"

我正在阅读，感觉到周遭光线与气温变化，以及自身的存在。

我有一具身体，细胞按照基因蓝图配置了生理系统，神经电路、内分泌线路、性别、消化系统、呼吸系统等。

我有一颗大脑，一个由数百亿个脑神经元所构成的高可塑性运算机器，预载着各类运作程式，感官觉知、心理感受、情绪机制、认知学习能力等。

我是记忆、性格、认知、思维、习惯、有形身体等一切的集合体，父母给这个集合体取了一个名字，于是我有了一个特定的身份。

我是一团意识能量场？一具灵魂？马克·吐温《神秘的陌生人》笔下一个无用的思想，漂泊游荡的思想？威廉·莎士比亚《暴风雨》笔下的精灵？或大脑所虚构出来的个体概念？

烤得金黄酥脆的肉串在炙热炭火上转动着，如此美味，是你有意识的选择吗？或培养而成的饮食习惯？或生物生存机制发展出来的无意识偏好？你拥有绝对的自由意志，一切所作所为皆是你的决定，果真如此？

大脑看似你的，直到夜晚辗转难眠，尝试一念不生却涌现各种记忆画面，情绪翻腾，对盘旋的念头一筹莫展，才尴尬地发现思绪并不完全受控。真的是你在思考吗？真是你的情绪吗？脑海中的念头如梦如幻，为什么一些看似微不足道的大脑神经元连结有着如此强大的支配力？为什么热恋期间总让人眼盲心盲，两两双盲？为什么创伤记忆足以让人落入痛苦的深渊？好似被一股潜藏的力量所驱使。

我们有着自主思维能力，但究竟到什么程度？有多少自由选择权？生蚝很美味，但谁觉得美味？你，或你的大脑？那丝滑软嫩的口感，独特的咸腥味，咬一口后流出棕色和墨绿色的内容物，很难为这些生长在海边的水质过滤器找到高级食材的理性证据，但那口感对于喜好生蚝的老饕们却又是无比诱人。

基因决定了味蕾所尝到的味道，影响着饮食偏好。鲜味（umami）是一种特定氨基酸所产生的味道，常见于肉类、奶酪、香菇、番茄、柴鱼、贝壳类、味素、和许多蛋白质含量高的食物中。肉食动物通过T1R基因家族尝到肉类的鲜味，但大熊猫的T1R基因家族在演化中经历突变，导致T1R1基因失去活性，转变为假基因（pseudogene），无法制造相应的味觉受体，于是失去了尝到鲜味的味觉，因此大熊猫虽被归类为肉食性动物，却偏好草食性饮食，喜爱吃竹子，吃肉实为食而不知其味。[1]

面对某些情绪或生理作用，我们似乎没有太多自主权，身体似乎有它自个的想法，有一套内建运作机制决定了对事件刺激的反应方式，决定了情绪的强弱，决定了自主神经的作用，好比站在讲台上演讲，心跳加速，肠胃紧张，双腿发软，不听使唤。毕竟身体依然是生物有机体，遵循着基因蓝图的生理系统作用，依循大脑内建的演算法作用。

思维能力让我们拥有很大程度的自主性，但除非觉察自我的行为模式，否则可能留在思维模板的运作，流于无意识的自动反应，如此一来，自由意志只是一种错觉，却误以为是自主意愿。我们正在使用一台生物电脑，别反被大脑愚弄了！不要被演算法的规则所骗了。

"我是谁？生命意义为何？存在价值为何？"这些疑问是探究生命哲理的起始，但其实难以从这类问题中厘清头绪。只有提出有破坏力的质疑，撼动一切假设，粉碎一切理所当然的前提，以一个全新视角来洞悉我们所处的现实。

疗愈与觉醒是打破自我框架，留在过去的认知框架中寻找答案是缘木求鱼。本书的知识不是用来装饰墙面的壁纸，而是坚硬的切割刀，切去一层层认定，切去一层层假设，透出玉石灿烂的本质。

让我们先从你的源头说起，这一则关于你的故事，一则关于"我"的故事。

---

[1] The sequence and de novo assembly of the giant panda genome.

幻相世界

一切有为法，如梦幻泡影。
如露亦如电，应作如是观。

——《金刚经》

千百年来人们思索着宇宙的起始，万物高度精妙地运作着，却找不到一个辛勤的造物主。生命看似上帝掷骰子的偶然产物，没有任何安排，没有被赋予意义，朝着不确切的方向进行，万物的运行却又恰如其分，基于某些原理一步步开展。不可思议的宇宙是如何被创造出来？这依旧是个不解之谜，仍没有一套完善的科学理论可以彻底解释宇宙为什么出现，也无法时光倒流，只能根据所观察到的现象来推演与假设。

在宇宙形成之前，时空处于某种不具象的状态，但并非真正空无，也许处于物理学所猜测的"量子泡沫"（quantum foam）状态，不具象却又存在。在某一瞬间，某一个起始点，宇宙诞生了，也许发生了大爆炸，也许始于奇点，也许以某种形态循环宇宙的始终。如果超弦理论成立，万物最根本的本质似乎源于某种形式的弦波动，好似具有能量但不具质量的光波。弦的振动由波动能量转化为具象的物质，质能转换 $E = mc^2$，出现了最基础的物质——夸克。夸克相互结合，形成质子、中子和电子，接着聚合而成原子。一颗原子，二颗原子，接二连三，原子连结成分子，新分子又不断地结合，创造出了一切万物，积木般的原子砖块堆砌出了物质世界，能量和物质元素拼凑出了宇宙，形成了我们现在所见到的宇宙。

物质世界看似坚实，本质却像海市蜃楼般虚幻不实，能量场的聚合与脉动，一个投射出来的虚幻立体全息投影，一个投放在屏幕上的影像。幻相中，万物逼真且如实地活动着，存在却不真实。

大脑所构建的现实

你所体验到的"现实"是透过感官介面,视觉、听觉、味觉、嗅觉、触觉等,接触物理世界并产生物理信息,接着透过大脑所构建出来的"现实",一种大脑的诠释。你无法直接"看见"小狗,小狗的影像是大脑对于物理信息的诠释。阳光照在小狗身上,反射的光被眼睛的视网膜所捕捉,而视网膜细胞将光波的物理信息转化为生物神经信息脉冲,信息传入视觉脑区,大脑神经元诠释输入的信息,将不同频率的光波诠释为不同的颜色,勾勒出小狗的影像轮廓。

光波,也就是电磁波,本身没有颜色,颜色是大脑对于不同波频的诠释,一种大脑构建出来的概念。相同的,海边游泳时不小心呛了一口海水,满口强烈的咸味占满了口腔,但海水或盐本身其实没有味道,咸味是舌头上味蕾接触了氯化钠分子,大脑对于分子的诠释,产生了一种知觉概念。

大脑将所收集到的外界信息整合起来,眼睛所见、耳朵所闻、空间、时间等物理信息拼凑起来,赋予每种感知一种独特的抽象概念。大脑将抽象概念分门别类,理解这世界的运作模式,并转化为经验、知识、感觉等,整合出了一个你所认知的"现实",营造出一个虚拟的立体实境,因此脑神经学家说"感知是被操纵的幻觉"。

梵文的"玛雅"(Maya)也就是幻相或错觉的意思,身体和感受虽再真实不过,但世界的本质虚无不实,犹如戴上了 VR 眼镜,身处虚拟实境的电玩游戏中。玛雅创造了你的身体、感官和大脑思维机制,对于物质肉体而言,物质世界是真实的,疼痛感是真实的,意念想法也是真实的。幻相中的一切所见所闻皆是真实的，被毒蛇咬会肿起来，失恋会心痛，高房贷会烦恼，流血过度会死亡，但其真实性仅止于幻相中，犹如虚拟游戏人物的真实性只存在于虚拟世界中，没有了虚拟世界，也就没有了虚拟人物。

虚拟游戏中参差着各种不同的人物角色，平民、国王、女王、贵族、骑兵、奴隶、好人、坏人、幸运的人、悲哀的人等，进行着各式活动，做梦中梦、踢球、戏弄小花猫、喝醉酒不省人事等。依照角色扮演的特质，身为一国之王的角色被赋予特定的穿着、举止、特征、该履行的职责等，集合成为一个"国王"的角色概念。相同的，在幻相世界中，玛雅设计出了一场角色扮演的游戏，意识被镶嵌在人身中，被赋予一个"自我"的角色单元，有着特定的长相身形、性格、喜好等，配合着逼真的剧情与场景。幻相的本质并不真实，但身处幻相中，我们错把虚构的角色当作真实的自己，被虚幻的表象所骗了，而假戏真做。

在电玩游戏中，事物以特定的形态成像，看不见玩家的真实样貌，只能看见基于虚拟游戏的介质所建立的"自我"形象，透过某种形象进行互动交流，你可能是一位位高权重的国王或一只蹦蹦跳跳的大眼猴子。相同的，物理世界是能量与物质的聚合，看似具象的身体也是一种聚合，只是你暂时在这世界中行走所借用的工具。

虚拟世界创造了虚拟人物，虚拟人物透过虚拟大脑来观察虚拟世界，所感知的一切现象、经验、认知、感受皆是那么真实。尤其在精良的设计中，很难感受到自我的虚幻本质，只有在不断自我拆解过程中，当搭建在幻相基础上的信念开始松脱，自我框架开始松动的那一刻，才惊觉身处一场看似无比真实，却又无比虚幻的梦境中。

万物同一自性

千江有水千江月,万里无云万里天。

——《嘉泰普灯录·卷十八》

很难真正明白宇宙最初始的状态如何,但在深度冥想中可以体会到如如不动的状态。一股蛰伏的势,非有非无,非动非静,无形无相,姑且称之为"纯粹意识"(pure consciousness)。它是推动宇宙运作的隐形力量,如一台投影机投射出影像,投射出一切,哲学形而上但非宗教式的上帝,创造了宇宙。意识源于它,能量源于它,物质也源于它。犹如禅宗六祖惠能说的,"世界虚空,能含万物色像,日月星宿、山河大地、泉源溪涧、草木丛林、恶人善人、恶法善法、天堂地狱、一切大海、须弥诸山、总在空中。世人性空,亦复如是。"《坛经》世界虚空仍有局限,此处可能意指自性,与世人性空相呼应,"自性能含万法是大。万法在诸人性中。"《坛经》

纯粹意识存在,如光波般没有质量,无法被捕捉装入罐子里。可以被感知,但意念般虚幻,没有实相性。一个意念尚未出现是什么?可能什么都是,也可能什么也不是。

纯粹意识的本质非有非无,"心量广大犹如虚空无有边畔,亦无方圆大小,亦非青黄赤白,亦无瞋无喜,无是无非,无善无恶,无有头尾。"《坛经》"非无"的性质,不是真正空无,因此可以投射出宇宙,若是真正空无,则无法投射出任何事物;"非有"的性质,一种虚幻不实的假合，物质与能量的聚合，不是真正的存在，"法本不有，莫作无见；法本不无，莫作有见。"[1]

纯粹意识遍洒宇宙每一个角落，在微小尘埃中，在广大宇宙中，如一轮明月照大千，千江有水千江月，月光映照千万江湖水面。一切万物皆源于纯粹意识，源于同一性，分享着相同的纯粹本质，"千江同一月，万户尽逢春。"[2]

纯粹本质，脱开幻相的本然状态，禅学的自性和禅，佛家的佛性，印度教的梵，道家的无极、道、和真性，皆表示相同的纯粹本质。自性即是你的本来面目，即是佛性，一切众生皆具同等佛性，"心即是性，性即是佛，佛即是道，道即是禅。"《血脉论》

"本性是佛，离性别无佛。"《坛经》自性即是佛性，佛性不在他处，"从无始旷大劫以来，乃至施为一切时中，一切处所，皆是汝本心，皆是汝本佛，即心是佛，除此心外，终无别佛可得。"《血脉论》

---

[1] 《黄檗断际禅师宛陵录》
[2] 《景德传灯录·卷二十》

人生剧本

生命看似随机,但一部分似乎嵌在基因和宇宙时空中,长相身材、天生气质、家庭背景、结婚对象、生命历程、尊卑富贫等,仿佛写在生命的剧本中。

在这幻相的戏台上,也许你的角色是饰演着一只恐龙,而"自我"则是一件恐龙道具服。说话的声音像恐龙,走路姿态像恐龙,照镜子时看见一只恐龙,别的演员也把你看作是一只恐龙,被分配到恐龙的角色,剧本也是依循恐龙的角色进行,但你真的是一只恐龙吗?究竟是谁在饰演那只恐龙?

生命仿佛受制于庞大的宇宙剧本中,也许抱怨这一部烂戏,抱怨剧情,抱怨导演不公平,为什么让这只恐龙在悲惨的童年中度过?为何场景如此悲凉,被迫演一只没有生命选择权的恐龙?无论角色合理与否,若与幻相争辩剧情的合理性,那么除了僵持不下的争论,自我伤害,也无法真正从中得到什么。不想饰演恐龙,尝试脱下来,黑暗潮湿的洞穴不适合,尝试换个家。

自在解脱,你可以选择跳脱剧本,虽然那不一定容易,别人可能对你的选择感到惊讶,不同意也不支持,要你继续饰演那只恐龙,但生命终究是你的,最终抉择是你的。同时,自在解脱不一定在于能够彻底脱离剧本,也许现实处境使然,难以跳脱剧本,房贷压力、夫妻关系等,但先松解开自我框架的桎梏。

生命中的跌宕起伏,酸甜苦辣,无不牵动着我们,但曲终人散那一刻,一切终归平静,船过水无痕。领悟了幻相的运作方式,理所当然的现实不过镜花水月，没有想象的真实。领悟了人生如戏，每一个人不过是人生剧场上的临时演员，醒悟自己在演戏，不被剧本骗了，不被剧情所困。无论悲情或欢乐都是过一生，那么你决定如何上演这一出戏？这样演是一辈子，那样演也是一辈子，何不演一出脱开自我桎梏的喜剧？

一个人行走在物质世界，不可能没有自我，仍套上一个具体形象，身体和大脑，人物角色的样貌、性格、知识、习惯、偏好等功能，但领悟了世界的虚幻性，貌似坚不可摧的自我框架开始松动，那即是疗愈的开始。解开了你给自己套上的枷锁，不再相信自己就是一只恐龙，改变了立场，改变了思维和行为模式，周遭环境也往往因为自己的转变而反映出相应的变化。

人生是一场过关游戏，一道道合理与不合理的关卡，等着你去突破，无论喜欢与否，关关难过关关过，直至闯关成功。宇宙的规律有时莫名疯狂且无情，一些看似荒谬至极的考验，一些上天捉弄人的无聊把戏。若没有解除根源问题，无论是某种性格或信念，相同的困扰则紧追不舍，不停登门拜访。过不了坎，同频共振，吸引类似的磨难来到生命中，同类问题以不同形态出现，反复受着相同关卡的磨难。

只有审视自我框架，彻底打破框架。若停留在小学的数学演算逻辑，一个小孩不停地做加减法，终究无法推敲出微积分，终究局限于过去的思维框架，难有突破式的进展。同样的，套用相同的思维模式在类似的问题上，于是在类似的人生课题上反复碰壁，久而久之，心力交瘁，"做不到、无力、问题很难解决……"误以为自己别无选择，误以为"我不得不如此"。

现实生活中很难完全没有课题，不是一天觉醒后从今一路顺遂，心想事成，万事如意，但瓦解了认定，抽走了支撑情绪的基础，阴魂

不散的念头散去，负向习性也逐渐失去动力。卸下了自我框架的重担，一阵轻松感油然升起，才惊觉脑袋中装载的各种认定成了背负在身上的无形重物。

那一刻，一种触动，一种恍然，一种不言自明的心领神会，疗愈就在那一刻发生了。

那一刻，不再自我分裂，不再制造无谓的对立，无需跟自己对辩，自我的战争也就此结束，许多看似无解的困境不攻自破。

那一刻，发现自己被模板驱使，茅塞顿开，"不解"当初的陷落，笑话那些莫名不实，却让你苦不堪言的信念，笑话自己执意跳入同样的坑。

主体意识的"我"在哪?

> 每个人都是全体中的局部,每个人内在的生命力能量都含有宇宙的力量,我怎么可能只是人类当中的一分子而存在? 我们对外界的认知,以及对外界的关系,其实是我们的神经回路的产物,我其实只是一个我自己想象出来的虚构人物。
>
> 已经关机的左脑心智,不再能压抑我与生具来的意识,我就是生命不可思议的力量。我知道我现在和从前不一样了。我只是一道光芒,把生命射进世界而已。
>
> ——《奇迹》吉儿·泰勒

"今年我五岁了,如果一年代表一岁,我活了五年,但五年前我在哪?"小时候曾如此困惑。"我"似乎只是一个虚构的观察者,不存在于大脑任何一处,也找不到一个小人坐在大脑的控制中心,大脑的运作方式让人误以为有一个"我"的意识主体在思考。

从裂脑研究中,发现一个奇特的现象,脑内胼胝体(corpus callosum)的功能是左右脑的沟通桥梁,如果将连接左右脑的神经元切断,将会阻断左右两边的内部沟通。问题来了,当一颗脑被分成两半后,理论上你将会拥有两个独立运作的脑袋,那么你会变成两个独立的个体吗?换言之,你会拥有两个"我"吗?在《我们真的有自由意志吗?》(Who's in Charge?: Free Will and the Science of the Brain)书中,葛詹尼加(Gazzaniga)发现裂脑手术后,当事人仍感觉自己

是一个完整的人,没有因此产生两个人的感受,没有精神分裂,仍只有一个"我",也没有一个独立的"我"存在右脑或左脑中。

思考的行为不存在于脑部任何一处,而是不同的大脑模块高度协同运作的杰作,没有一个中央指挥中心在监督思考的过程。大脑部门处理各自特定的工作,并将结果传递给下一个部门,在处理完信息后,最终向"我"报告的一个结果,"我"似乎没有真正参与了思考,而是"我"被动地接受了结论,"我"收到了最终输出的结果。大脑似乎像是一只智能手机,一部分内建机械式思维能力,一部分似乎又像是收发信息的活动,上网搜寻时空中的信息。

"自我"是一团意识能量场,堆积而成的灰尘兔,本质上虚幻不实。而"我"是大脑中全像投影的聚焦成像,一个虚幻不实的影像,一个不真实的存在,就像图像错觉,画上了几条边,英文字母的"E"浮现出来,但字母本身真的存在吗?

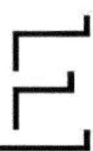

当脑神经外科医生怀尔德·潘菲尔德(Wilder Penfield)用轻微电流刺激大脑各个不同区域时,会使清醒的病人不自主的产生各种感受或反应,将手举起、闻到面包烤焦的味道、听到音乐旋律、出现情绪感受、脑海中闪过梦一般的景象、过往记忆细节的重现等现象,出现的记忆画面细节甚至比自主忆起还更要清晰。在运动皮层上施加电极时,病人会出现某些肢体动作,如移动自己的手,此时潘菲尔德会问病人为什么把手抬起来了?他们无一例外的反应"这不是我做的,是你做的!"

潘菲尔德并没有找到"心智行为"（mind-action）的功能区域，并没有一块皮质区域会因为电流的刺激而开始思考哲学话题，或产生更高层次的抽象思考。另一方面，他发现大脑皮层并不是意识的所在，"在神经外科的经验中，即使是对大脑皮层进行大规模的切除，也不会毁损意识，然而伤害或干扰了上方脑干的功能，即使是很小的区域，也会彻底毁损意识。"[1]

生理心理学家卡尔·拉什利（Karl Lashley）研究大脑存储和处理信息的方式。训练老鼠走迷宫，接下来损毁老鼠大脑皮层的特定区域，再将老鼠放回迷宫观察其行为，虽然不同皮层区域被损毁，老鼠需要一些时间恢复，但对于整体学习和行为的影响微乎其微。脑皮层被损坏的部位与认知的损害程度不一定有直接关系，而是与被损害的脑皮层面积成正比。换句话说，大脑没有一个中央控制中心，没有一个特定脑区域负责理解或记忆迷宫，思考是各个脑区协同的结果。

大脑将程式运算结果投屏在脑海这一个显示屏上，聚焦成一个"我"（I am），一个虚构的意识主体，被大脑所构建出来的观察者。

人类和高智商的动物不同于智能手机中会说话唱歌的 AI 助手。人类有独特的意识层，拥有一定程度的自主意识，或貌似拥有，而 AI 助手只是依循演算法的运算，机械式的输入输出，顶多上网读取云端上的资料，但缺少了连结到意识维度的收发报器。

在催眠状态下发现一种奇特感受，"我"和大脑似乎脱钩了。"我"并没有在主动思考，但某些情绪或生理反应出现的那一刻，才发现大脑其实已经接收了催眠指令，但没有告知"我"，所以"我"不知道大脑在想什么，只知道它做出了情绪反应。

---

[1] Mystery of the Mind by Wilder Penfield（暂译：心灵的奥秘）

若不是接收到表情、言语、想法、肢体动作的信息，我们无法知道大脑底下在运行什么程式，就像一些软件程式在手机背景运作，若没有显示信息，不知道哪个程式耗尽了电池。

"自我"（self），一个角色形象，一种由身体、生理机制、思维方式、行为模式、性格、习性、认知概念、遗传特质等所组成的集合体。"自我"附加在"我"上，有如手机的硬体以及内建或外部下载的软体应用程式。

"自我"好似一张记忆卡，记载着各种认定、记忆、作用方式，当记忆卡插入大脑这台生物电脑，或某些能够产生思维活动的载体时，就会开始依据记忆卡或电脑内建的程式运作。"自我"又如同一只病毒或一颗蘑菇，看似有生命力，有自主行动力，但更像被一种隐形力量所推动，无意识地寻找着合适的环境成长。病毒本身没有生命力，没有"我"的主体意识，并不像动植物般"活着"，只是由一组基因程式驱动着它的活动，然而一旦侵入了生物有机体，病毒就会出现类似生命的生物活动，包括攻击、繁衍、演化或寻找下一个复制基因的宿主等行为。

在意识改变状态下经历到各式现象，但意象不清晰，很难考究意象的完全准确性，但足够透露一些蛛丝马迹。"自我"看似一个独立存在的主体，或所谓的"灵魂"或"魂"，看似具备一定程度的自主意识，但更像一团"意识能量场"或"意识场"，一种波动的聚合，一个被某些机制旋转起来的陀螺。

自我又像是一栋祖辈继承下来的建筑物，有其先天地理的条件设定，依山傍水或在车水马龙的城市里，高楼或矮房。房子是你的一部分，但房子本身并不代表你。你终究是生命的过客，暂居此身，终有一天要挥手道别，离它而去。

编写人工智能程式

物质界自形成以来，生物不断演化，繁衍出各种生物物种。在生物有机体的每一个细胞中皆含藏着遗传基因因子，基因以一条长链双股螺旋 DNA 分子的形态存在，一条条长链记录着一个生物有机体各种行为机制和生物体特征的细节，好比一个人的长相、北极熊冬眠等。

演化生物学家理查德·道金斯（Clinton R. Dawkins）在《自私的基因》（The Selfish Gene）中，以生物演化和基因繁衍的角度来阐释生物的种种行为，我们以为有自主权，但其实基因才是真正的主人，它以生物有机体作为基因分子复制繁衍的工具，生物个体只是基因繁衍的载体，如同病毒的宿主，用完即弃。因此道金斯称生物有机体为"求生机器"，有机体存在的目的是协助它的主人基因的传播。如果我们人类的职责只是散播基因，一个壮大物种和散播基因的工具，顺应生物程式运作，岂不是被程式牢牢掌控了？

远古以来，生物的智力水平停留在遵循简单的程序，季节到了开花，饿了吃，累了睡，遇上危险就逃跑。动植物是否具备主体意识？说不清楚，但似乎只有拥有精密的大脑机制才能产生思维，同时，只有当智力达到了一定水平才足够产生自我觉察的能力。从蚂蚁的角度而言，它虽然有一个主体意识，但没能形成"自我"的概念，它不会问生命何去何从？"我"怎么长这副模样？

在漫长的演化进程中，来到了一个历史性的转折点，大脑出现了新皮层，一个能够处理抽象概念的新功能，一颗能够处理抽象概念的

大脑奇迹似的诞生了。一些动物意外地获得了一颗有高度可塑性、低耗能且高效能的全功能处理器，获得抽象思维的能力。人类的大脑大面积的新皮层产生了抽象思维的能力，不但是在残酷食物链胜出的关键，更是超越部分内建生物程式的契机。

究竟在哪一个历史转折点，人类智力的大跃进，直立行走，脱去厚重的毛发？这仍是一道谜题，但当人类获得了抽象思维的能力的同时，也获得了自主能力，能够反观自我，突破了部分基因预设的程式指令，摆脱了部分原厂内建的动物行为，不再只是基因分子的制造工厂，一只任凭摆布的棋子，单纯负责繁衍的打杂工作，而是产生一种高层次的蜕变，可以计划并创造未来、搭建社会体系、精密的语言沟通、推演科学和哲学逻辑等，从被动的被支配者转为破局者。

大脑的思维能力宛如一台精密的电脑，电脑的程式写在硬碟记忆体里，而大脑的程式则写在神经元里。软体程式，程式类似数学公式，一套运作规则，一套演算法。一个核心运作系统"自我框架"，由众多的子程式集结而成，搭载着各种不同的程式，负责不同的功能，学习、情绪反应、思维逻辑、性格等。

人脑与电脑不是一个完美的类比，由于运作方式仍有些差异，但仍可以帮助理解思维运作的特性。人工智能具备推演归纳的能力，分析数据，在不同的事件中找到规律，提炼出一套规则或"经验"，甚至自主学习，在反复学习中提升判断力。

先理解一个简单的软件程式运作。一个夏初吹着凉风的周末夜晚，乔独自坐在酒吧上，脸上带着那一言难尽的惆怅，缓慢啜着那早被冰块冲淡的白兰地。乔偶然抬头一看，一位高挑白皙穿着时髦的女子靠近吧台坐下，但乔是否会被这位女子吸引，则取决于心动的程式。

喂给程式一个初始数值，经过演算后，吐出一个结果值，如果符合乔的理想型，他则会心动。

是否心动？（输入特质）（
　　如果（漂亮 and 开朗 and 聪明）
　　　　返回（心动）
）

理想的女子进入了乔的视线，加上台上演奏的音乐，摆荡着乔的心，他心动了，但不敢上前搭讪这美貌的女子。在没有酒精干扰前，乔的勇气数值不够高，没有上前攀谈的勇气，但微醺的乔就不一样了，话可多了，因此带上酒精来助阵。

酒精摄入后的反应（酒精量）（
　　如果（酒精量 < 100 mL）
　　　　返回（智商 = 100%，勇气 = 10%）　// 清醒
　　如果（酒精量 100 到 400 mL）
　　　　返回（智商 = 80%，勇气 = 80%）　// 微醺
　　如果（酒精量 400 到 750 mL）
　　　　返回（智商 = 20%，勇气 = 100%）　// 天堂
　　如果（酒精量 >= 750 mL）
　　　　返回（智商 = ？，勇气 = ？）；　// 地狱
）

酒前拘束严谨的你和酒后放松大笑的你，哪一个才是真正的你？

一个人行为模式往往受制于生物内建程式,不但是酒精,音乐旋律也同样影响着我们的情感,某些音符的组合谱出优美或轻快的节奏,但上下起伏不定、忽快忽慢的低沉旋律却让人毛骨悚然。

编写软体程式和编写生物基因程式是相同的概念,神经学家大卫·安德森(David Anderson)引领着一项基因修改的研究。果蝇平时是和平的昆虫,只有在争夺资源时才会战斗,也许是食物、领地、争抢处女果蝇(对雄蝇而言),或最佳产卵地点(对雌蝇而言)。但现在放入两只被基因改造的果蝇,研究人员只要打开一盏红灯,在红光照射下,就可以让两只原本平静的果蝇在没有任何理由的情况下开始打斗,像相扑般相互推挤,或将对方抓起扔到一旁。打架输的果蝇并不会因此受伤,但它的"内心"会形成一种"失败者的心态",增加往后打架落败的机会,反之,一旦果蝇赢得了战斗,则会建立起对资源获取的支配地位。

当关闭了红光,两只果蝇又会渐渐平息"情绪",打斗次数减缓,最终各自悠哉的啜饮着苹果汁。使用同样的原理,不只可以启动打斗模式,也可以控制其他行为,使它们进食、梳理身体、跳跃、振动翅膀来吟唱求偶歌,甚至可以让雄性果蝇一具类似阴茎的东西勃起甚至射精,这究竟是如何办到的?

果蝇的大脑结构相对简单,一组基因对应一组脑神经元,而一组脑神经元对应特定的行为。研究团队对果蝇进行基因编程,在控制打斗行为的基因区块插入对于红光会产生化学反应的机制。当红光刺激了被标记的脑神经元,将会打开或关闭神经"闸门",进而触发大脑中特定的神经元的活动,而产生相对应的行为表现,例如打斗行为。

由于复杂的大脑机制,一个特定行为往往不是被单一基因或神经元所控制,但类似的研究不只实现在果蝇身上,也应验在老鼠身上,一旦连接在老鼠脑袋上的光源被打开，刺激了打斗的神经元，老鼠便开始暴力攻击充气橡胶手套或同类。[1]

简单来说，虽然一点也不简单，果蝇虽小，却拥有大约 20,000 个基因，以及大约由 100,000 个神经元所组成的大脑，因此无论是找到脑神经元所相对应的行为，定位控制神经元的基因组，或编写一系列的基因行为，皆是相当复杂。安德森在《The Nature of the Beast》(暂译：《野兽的本质》) 中有详尽解释这复杂的过程，使用 CRISPR/Cas9 技术来进行基因编辑，插入或移除一串基因组。透过绿色荧光蛋白分子做标记，被标记的细胞会发光，因此研究人员可以在显微镜下进行观察。利用光遗传学（optogenetics）的技术，透过照射特定颜色的光，无论是红色或绿色，来人工激活特定神经元的活动。

虽然人类行为运作高度复杂，很难透过改动几个基因组或神经元细胞来控制特定行为，但许多生物反应机制仍非常相似。许多反应机制早已刻印在基因程式中，刻印在大脑神经网络中，被爱就会感觉幸福，看见暗恋对象去搭讪其他人，可能产生嫉妒心，爱的人跟别人跑了，于是闷闷不乐，感觉挫折，甚至内疚，沉思自己到底哪里做错了？情绪迫使我们去寻找解答。

---

[1] Functional identification of an aggression locus in the mouse hypothalamus.

习惯与思维模板

习惯是思考运作优化后的结果，一种"思维模板"的作用，一条高效的捷径，大幅减短反应时间。以资源优化的角度，大脑的运算活动消耗大量能量资源，在睡觉或头脑安静的状态下也会消耗大约四分之一的身体总体能量，被耗损的能量需要另寻养分来填补，因此大脑尽可能仰赖高效率且低能量消耗的运作模式，减少不必要的思考，节约资源的消耗。

从演化的角度，生物有机体的目的是生存且繁衍，被预载生物本能的程式，一种内建的行为模板，蜘蛛结网的行为、蜜蜂采蜜和筑巢的协同等。理论上，为了减少能量的消耗，所以除了延续生命的必要思考，其他的思维活动都是多余的，人类本身并不是为了探讨哲学问题而存在，探讨生命的意义只是一个偶然的事件。

每一次接触新奇事物时，大脑将所吸收的认知和经验分门别类，归纳出一套思维或行为模式，总结成一套高效的反应机制，就像回答1+1=2一样不假思索的反射性反应。如果大脑无法形成习惯，那么每一次开车都会像新手上路一样手忙脚乱，由于无法形成一系列驾车的习惯性动作，简单地左右观察来车或换挡刹车都需要有意识且费力地思考，碰到紧急情况，也无法马上反应，迅速刹车。

从婴儿学习走路到学习骑车，起初的练习是一件困难的事，大脑努力运转，不断思考如何保持平衡、转弯、停止，但在反复练习的过程中，形成一系列的肌肉运动协同性，大脑渐渐摸索出了一连串的动作模式，形成一套特定事件顺序的运作脚本，神经讯号所经过的路径逐渐在脑中烙印出骑车技巧的神经元线路。当不断重复着一系列常规的动作时，脑部的基底神经节（basal ganglia）将会接手任务，形成肌肉记忆，而语意或抽象的概念记忆则是由海马回（hippocampus）来固化。

大脑将习得各种认知经验记录了下来，进行认知加工，构建思维模板，编写成大脑程式并刻印在神经元的电路上。久而久之，无意识的惯性思维模式逐渐取代积极性的思考，生疏的动作逐渐转换成一个自动不需要太多有意识思考参与的神经活动模式，常规行为内化为自动化的习惯，变成一条思维捷径，一种思维模板。大脑运作的优化让你可以同时执行多项任务，开车时注意着公路上穿梭的车辆，聆听着广播，思考种种琐事，却依然驾轻就熟，无意识地沿着熟悉的路线安全到家。

应对生活中的种种事件，大脑快速找到相匹配的模板并套用它，不必费时费力地重新思考。套用思维模板相当有效率，但也有一个潜在问题，当大脑只走捷径时，可能不自觉地以反射式的思考来应对一切，走着熟悉的大脑神经元路线，套用固定的思维模式。若一个人被困在难以改动的思维模板中，可能表现出刻板且固执的行为，坚持己见，活在老旧的经验中，机械式的反复套用过去习得的思维模板来应对一切挑战，无论新旧。

一个习性的形成也许有原因，也许没有特别原因，仅仅是惯性动作，有如山林间走出来的小径，神经元丛间连结的路径。一类行为重复发生，在环境中得到了相应的反馈，无论是正向或负向，最终成为一种习惯。人是习惯的产物，但习惯本身并没问题，关键能否适时更新习惯？或已僵化为一成不变的规律？

以健康的习惯取代有害身心的习惯是件好事，但改变习惯也许奏

效,却是一种暂时将就的策略。习惯只是一个表象,一个结果,如果只是试图改变结果,却没有解除根源问题,不过是表象行为的重新洗牌,以一种习惯置换一种习惯。相同的错误认定引发相同的问题,过去习惯又登门拜访,或转化为另一种形态出现,今天解除了暴饮暴食,明天换成了失眠,后天变成了酗酒。

强行扳动一个习惯,好比"冷火鸡"(cold turkey)强迫式的戒断,也许可以切断对某一些物质的依赖,但过程中需要强大的意志力,去咬牙忍受不愉快的戒断症状。同时,虽耗费大量精力戒烟戒酒,好不容易扭转了习惯,但没有厘清问题的起因,旧习惯可能再度反弹,问题再度复发。若铲除了根源问题,习惯则失去了附着点,相对容易脱落。

大脑有高度的可塑性,但对于已形成的认知有一定的固着性,若没有拆除固着的思维模板,保持开放性和可塑性,思维弹性范围则受限,就像被牢牢绑紧的松树盆栽,树苗自小就被束缚,经年累月,茁壮的枝干逐渐定型。从小到大所习得的观念早已在脑海中生根,所建立的层层思维模板形成固定思考回路,打破一个惯性绝非易事。

大脑似乎不保证持续更新思维模板,当大脑发育到大约二十五岁时接近定型,形成相对固定的神经元回路。每一颗大脑有些差异,有些容易进行系统更新,有些过了二十五年的产品保固期,似乎剩下固化的演算法。固执的性格,好似一片无法被多次复写的CD,拷贝一次就定格了,深深烙在大脑神经网络中,只能一次又一次的重复播放先前录制的曲目,被困在固化的认定中。

固执之所以麻烦,像一颗沉重的半圆球钢铸堡垒,找不到撬开自我框架的施力点。固执的性格捍卫固执本身,使当事人看不见自身固着的行为。为了巩固信念,无论对错,即便现实与认知不吻合,也宁可合理化自身信念而忽略客观现实，坚信那是唯一选择，唯一办法，甚至造成认知失调。

当接触新的知识概念时，大脑努力消化新的概念，思考如何将新的概念整合入现有的认知体系中？对于开放的人而言，以开放的态度面对新的概念，比较不会因为自身成见而阻碍新的学习，因此吸收新的概念相对容易，顺利地将新的概念整合入现有的认知体系中。

人工智能被分为"强"与"弱"两种："弱"人工智能能够完成动态变化的挑战，但由于缺乏思维弹性，只能在可预期且闭合的环境中运作，而非完全开放性，例如围棋的演算法。"弱"是指应用的广泛性，但不笨，甚至令人敬畏的聪明，知名的棋局演算法，西洋棋的DeepBlue和围棋的AlphaGo，皆早已轻松赢过人类最顶尖的棋手，但只能应用在相对狭隘的场景中，除了下西洋棋和围棋，对于其他任务一窍不通。

换句话说，演算法虽然强大，却受限于特定的思维模板或认知框架中。而"强"人工智能，类似大脑的运作，具有高度弹性的思维方式，适应变化，解决从来没有经历过的全新挑战。但不幸的是，人类的大脑有时似乎也会落入类似"弱"人工智能的困境，困在某一种模板中。

反之，若思维方式相对封闭，相对固执，犹如被困在"弱"人工思维的演算法，困在固着的思维模板中，困在习得的认知框架中，沿用着过去的思维方式来汲取新的概念，对于新的概念消化不良，难以内化。面对全新挑战时可能难以调适，容易激起适应不良的反应，甚至对于学习新鲜事物产生抵触，引发心理防御机制。

小孩的智商不一定比成人高，也没有累积大量经验，但对于新鲜事物却能很快适应并进入状态。当成年人仍卡在游戏机的开机界面

时，摸不着头绪，小孩早已玩得不亦乐乎。不是不愿理解，但脑袋被各种认知信念所填满，过去的经验、过去的思维模式反而成了吸收新概念的障碍，难以接受新知，难以纯粹且开放的态度来感受，所以关键是如何"软化"僵化的思维模板？

你的决定，或模板的反射？

过去科学以为大脑的信息处理如一条流水线，输入感觉信息，进行思维逻辑处理，输出相应的反应。但近年来，脑神经学家转向预测性编码（predictive coding）和预测行处理（predictive processing），大脑根据过去经验或全新信息，不断地生成与这世界互动的预测模型。大脑的实际运作高度复杂，不同层次的预测模型，不同脑区的协同运作，因此这里简化为思维模板。

当一件事件发生时，大脑会纪录当时的情境，包括情绪、场景、动作、解决方案等，生成一个思维模板。当遇上类似的事件时，大脑会根据过去经历，快速地套用现成的思维模板，借助过去的经验来应对类似的事件，并不是将每一个问题都进行一次全新的思考。当现成的思维模板无法应付新的诉求，或出现预测错误时，就会启动思考机制来做相应调整，更新思维模板，更新预测模型。

套用思维模板，换句话说，大脑的思考机制是基于预测模型，快速反应的当下不一定是自主抉择。多数时候，在你意识到答案前，大脑其实就已经把问题处理完了，你所接收到的讯息其实只是大脑预测的结果。

脑神经学家班杰明·利贝特（Benjamin Libet）用EEG测量大脑神经活动讯号变化。研究发现测量运动皮层的"准备电位"（readiness potential）比自主意识的决定早了几百毫秒出现，而自主意识的决定比实际动作又早了一些时间。这结论是，受试者在意识到自己的选择

前，大脑已经"预测"出受试者的选择，或是说大脑其实已经帮你做了决定，你收到的只是一个结果。

不想害怕，却又不能自己地陷在那高度恐惧的心境中，有自由意志吗？这研究挑起了一个值得深思的问题，我们究竟有没有自由意志？若没有太多自由意志（free will），那么是否至少拥有"自由抑制"（free won't）的"自由否决权"？是否拥有自由选择权，而不是一个被生物机制、信念、习性、社会规范众多条牵引线所牢牢控制的傀儡？

同样的，职业棒球比赛中，投手的球速可高达每小时160公里，打击手并没有时间思考如何挥棒，必须仰赖长期训练下来的预测模型来辨识投球模式并快速挥棒，一种直觉式的迅速反应。有研究发现专业球员减少了前额叶关于挥棒决策的参与，而更加依靠运动皮层的反射。

从大脑神经元的结构来发现神经元的预测行为，脑神经学家杰夫·霍金斯（Jeff Hawkins）在《A Thousand Brains》（暂译：《千万脑》）解释了预测模型的运作方式，并透过软体来模拟整体脑神经元的运作。相互邻近的神经元形成紧密的行为相关性，产生动作电位尖峰（action potential spike），该神经元细胞会比没有处于预测状态的神经元更快产生电位尖峰，能够做出更迅速的反应。

以为的"思考"并不一定都是有意识的深思熟虑，许多时候只是一个无意识的思维反射式行为。当神经元接收到一个合适的刺激时触发条件式反应，并推动信息传递的骨牌效应，激活邻近的神经元活动。骨牌摆放的样式好似思维模板，一种思维模式或习惯。推倒第一个骨牌的那一刻便启动了一系列活动，接二连三的倒塌，因此说大脑的思维运作基于预测模型，基于思维模板，基于一连串的惯性行为，不保证是有意识地思考。但这不表示一个人没有自由意志，我们可以选择如何摆放骨牌，选择骨牌样式，选择当事件发生时避免反射式反应，让大脑有思考的机会。

思维模板的困境

> 虎项金铃,是谁解得?
>
> ——《指月录》

过去很长一段时间里,虽然明白每一个人有着千差万别的特质,理解力、倾向、天赋等,但直到竭力扭转自身模式,范式发生巨大转变后,才深刻领会每一个人天壤之别的状态。

曾质疑为什么许多人不愿诚实面对自己?为什么总是闪躲问题?为什么执迷于某些行为而不自知?为什么不清楚原因,说不出一个所以然,却理所当然地给予懒惰或情绪化的回答,"我就是喜欢……我就是讨厌……"缺乏严谨逻辑是非常危险的,不经缜密推演,随意套上一些看似证据的证据,草草了事,这体现着一个人思维结构的脆弱性和不完整性,可能随波逐流,任凭情绪捉弄而不自觉。

虽然不认同一味随心所欲和散漫敷衍的态度,但体悟每一个生命皆不容易,不知道经历了些什么,不知道成长背景与现实困境,不知道是否受制于大脑运作模式,但确定的是,每一个生命都渴望被支持、被鼓励、被爱、被拥抱、被理解。如果有选择,谁愿意和自己的执念过意不去,与情绪缠斗?谁不希望自己人见人爱,幽默带给大家欢笑?

当一个人卡在模板里,飞蛾扑火般,一次又一次地冲撞炙热的灯泡,不代表不痛苦,不代表自寻死路,不代表明知故犯,但显然被模板牢牢掌控。也许忍不住情绪，也许抵挡不了欲望，也许控制不了冲动，也许缺乏理性思维能力，等待着前额叶的成熟，也许缺乏同理感受的能力，伤人而不自觉，以为自己在开玩笑，错把嘲讽当有趣。

简单的理解"思维模板"，也就是你不想要，头脑却与你唱反调，执意执行某些行为或思维模式。理性上没人想要陷入愁苦郁闷、自卑或消极负面的心境，却困在其中不得动弹。尽管明白行为的不合理性，但一旦应境，却又不由自主地顺应模板做反射。

模板虽有深浅强弱，但作用方式皆相仿，一旦没有按照大脑的指令，大脑便发出高频的急迫警报，哔！哔！哔！推动情绪催促你去完成使命，明明不乐意，却又管不了冲动，不由自主地顺着模板做反射，有如小梗犬按捺不住追逐松鼠的冲动。顽皮好动的哈士奇把鞋子咬成两半，被训斥后学会咬坏鞋子会被惩罚，然而当一双鞋出现在它面前时，仍控制不住咀嚼橡皮快感的冲动，事后警觉自己犯了错，又做贼心虚，一脸无辜可怜的模样。究竟是意志不坚，或生物机制太强大？

当我们问一个人"为什么你总是被困在同一个问题里？"但当事人也不一定知道自己为什么受困。你和当事人都在解同一套题目，有如教导一个孩子解数学题，没有人会故意听不懂，故意头脑不灵光。你纳闷为什么一个人如此运作，他可能也同样想不通，当事人不懂的原因和你不懂他为什么不懂的原因可能是一样的。

因此，若以"没有人会故意让自己痛苦"为前提，虽然不苟同一个人的行为，但会发现责怪一个人不努力、不用心、不警觉、不勇敢、不聪明……并没有实质意义，那只是慢慢击垮一个人的自信心。真正协助一个人，成为一名好导师，也就是跳入当事人的立场，从他人的角度来解那一道数学题。

聆听与跳出"我觉得"

  细心照料,供给植物养分、水分、与阳光,但为何树叶依旧枯黄凋零?也许不曾真正理解植物的属性,只是用自己以为的方式种植,可能灌溉过多水分,可能过度曝晒,而阻挠了一株植物的健康发展。同样的,若没有真正了解自己或他人,则落入"我觉得"的认定陷阱中,阻挠了生命的自然展现,阻挠了生命与生命之间的交流。

  我们无法透过心电感应读取他人心思,又如何知道别人的想法、感受、心理状态?因此从观察别人的一举一动,语言、行为、动作、表情等,推敲前因后果,归纳出一套假说,一套认知模型,来推测他人的内心世界,这称为"心智理论"(Theory of Mind)。

  一模一样的内容,但由于每一颗大脑所建构的认知模型不尽相同,每个人的认知诠释器有着截然不同的转译,于是出现了一种难题,我们真的理解别人吗?胸有成竹,以为理解了,事实上却可能对别人的真实想法一无所知,同时,又如何验证自己理解的准确性?真正聆听到别人所阐述的内容,抑或只是听见了自己的解读?

  由于彼此范式、经历、认知、大脑转译器的种种差异,讯息传递了过去,但可能落入各自观点的诠释。也许你经历过类似的场景,表面上双方进行着一场互动,听见了说话的声音,却没有信息交流,双方活在两个平行世界,鸡同鸭讲,语言彻底丧失功能似的,只能无奈地大喊"你根本没有在听我说话!"不理解却以为理解了,不小心错误诠释了他人,曲解了内容,甚至误解了他人,反过来责怪他人。

  完好的沟通交流之所以不容易,沟通不仅仅是知识概念的来回传递，而是范式的跨越，感受的领会。知识概念层面的交流犹如俄罗斯方块游戏，将新进的知识方块摆入现有的排列组合中；而范式和感受层面的交流，则是一种跨越认知框架的领悟，无法使用过去的认知经验来诠释全新的范式，无法用走象棋的逻辑来走五子棋。

沟通不是单向的输出和理解，也仰赖双方都切换至同一个频道上。若任何一方无法切入那频道，无论是自我盲点、认知框架的障蔽或缺乏意愿，将导致信息同步失败，沟通无效。

聆听，搭建一座互相理解的桥梁，打破沟通的阻隔，然而，真正的聆听却不容易办到。不是不愿意，但头脑冒出各种想法或认定，思绪早已被自己嗡嗡作响的"我觉得"想法填满，于是听不清别人的声音，也听不清自己内心的声音。看似聆听，但也许只是礼貌性地等待别人把说话说完，等待机会反驳。若警觉自身情绪阻碍了聆听，那么就透过眼动减敏情绪。

大脑机制的设计倾向于保护自我框架，维持习惯性，当信念或习性被逼到墙角时，则触发了大脑最原始的情绪机制，脾气上来，理智下线，进入自我防御的备战状态，躁动不安的情绪鼓动着为自己辩护。

有时脑袋好似被安装了一个类似 SD 记忆卡的资料保护锁，只能输出，不能输入，也许标记着"我认为、我是对的、我是权威"，牢牢守住自己的观点立场。但唯有不再试图保护自我认定，才得以松解认定或立场所造成的自我蒙蔽，否则看不清人事物的真貌，困在自我盲点，困在自己以为的现实中。因此聆听是生命中的重要课题，不只是同理（empathy）和共情的基础，更是疗愈的基础，解开自我认定的捆绑。

聆听，穿透了自我框架，穿透了思维模板。让头脑安静下来，止

息它总要表达意见的冲动,全然地静观感受,真正去体会内容与现况,而不是自己的诠释。催眠中,聆听是敞开大门,让信息进入,聆听指令而修改程式;冥想中,聆听是探索潜意识,觉察种种蒙蔽自心的模板与框架。

为何聆听他人如此艰难?也许是认定使然,"我是正确的,有理走遍天下,有道理凭什么输?"但许多时候单纯的认知拆解不一定能解除这顽固的机制,因为理性层面,大家都明白退一步海阔天空,何必争个你死我活?何必跟自己,跟别人过不去?

仔细思考一下,道理都懂,不想坚持己见,不想与别人争吵,不想与自己赌气,但现实中,头脑可不一定那么想,情绪反应被写得死死,凌驾在理智之上,对自己的脾气束手无策,事件一旦发生,随即触发了反射式的反应机制,屡试不爽。犹如实验桌上那一只死去多时的青蛙,一受刺激就神经反射,双腿肌肉不受控地抽动。

以为的生理反应,以为的性格,可能不过是大脑的机制设定,好比抗拒变化是自闭症谱系的一种特征。一切皆要按照自己所认定的规则进行,一旦打破了秩序,变动了规律,为了适应新规律而感到不自在,焦躁不安。受制于某种无意识的反应机制,一旦触犯了"我的认定,我的原则",就像鞋子进了一颗小石头,让人浑身不对劲。

受制于情绪,也许"自尊"与"傲气"让我们咽不下这口气,情绪过不了,于是不愿承认错误、不愿输、不愿妥协、不愿理解、不愿沟通。当别人提出一些想法或建议时,却以为针对我们,挑战我们,故意找碴,感觉个人形象或身份认同受到质疑,受到威胁,于是那愤愤情绪呼之欲出,不吐不快,血压飙升。一口气不吐出则如鲠在喉,乃至落得近乎偏执,放火烧了沟通的桥梁,付出了沉重的代价在所不惜,最终似乎只为了争辩而争辩,早已忘了最初的原因。

然而，究竟是你不妥协，或情绪不让你妥协？若不是情绪的驱使，想通也就过了，也就放过了自己，放过了别人，谁又乐于争吵？因此借助眼动减敏情绪，当情绪的浓烟散去时，而恍然大悟。

大脑的实际运作高度复杂，但从所感受到的意象而言，想法在脑袋留下了轨迹，也许留下走过的神经元路线，犹如宇宙射线通过云雾室时，高能粒子所经之处蒸发了酒精介质，而留下了气泡轨迹。如果介质浓度低，念头来来去去；如果浓度太高，那么留下的念头轨迹则不易散去，而产生固着性。久而久之，单纯的知识、想法、经验、记忆等被固化成各种认知模块，认定、规则、思维模板等。若思维被局限于既定的模块，则阻碍了感受，阻碍了创意。

也许某种脑部化学分子掌控着介质的浓度，进入意识改变状态时，降低了介质浓度，弱化了模板。此刻，如果采取合适的催眠引导，便可以转化认知或融解部分惯性。然而如果只是进入意识改变状态中，但没有进行拆解或转化，虽然降低了浓度，产生了一些领悟，一旦回到清醒意识时，介质浓度回升，头脑再次被淹没，将再次回到相同的模板运作。

"我觉得"或主观态度不一定是认知层面的认定，也可能是一种无意识的思维模板，受到介质浓度的影响。不是故意行为，而是一种自我盲点，如乐观或悲观般，一种不自觉的思维模式。

当事人很难觉察悲观的思维模式，同样的，也很难觉察主观的思维模式。只是觉得自己在表达想法，表达感受，直到经历许多冲突，才逐渐体会思维模式所衍伸的问题。头脑急于反应，听见一句话，马上反射想法，没有时间思考，没有机会静下来聆听对方的表达，于是使周遭的人感到一种主观意见的压迫感。

以个人经验而言，虽然警觉情绪变化，刻意放松，刻意减弱惯性

行为，但那似乎只是抑制情绪，抑制结果，停留在表象的转变，并没有真正动摇主观性的根基。一次尝试透过眼动解除"我觉得"的思维模式，感觉腹部有一股气，如强大的水流推动着水车，带动着情绪的转动，不喜欢却停不下来。眼动可以有效减缓情绪，但不一定能瓦解模板的作用，因此选择催眠来转化。

在催眠中尝试"清除主观性，清除我认为，将全部的认为和定义都丢弃。"起初感觉被一层薄薄的半透明塑胶袋挡住了视线，将它戳破，梳理浮现出的情绪，清除所有的担心、害怕、悲伤、悲痛、无力感，同时，背部感到灼热感。最终，介质逐渐淡化，看见博物馆摆放的各式各样雕像，过去淹没在水中，现在水退去了，各种思维或行为模式浮现了出来。当模式成为过去式，减少了反射性思考，减少了视线的障蔽，于是释然一笑。

4 拆解自我，一场与自己的战役

起初搬入了一间明亮宽敞的房间，但随着时间推进，陆续搬入一些东西，挂在门口的礼貌装饰与社交面具，大街上搜集的文化传统，堆积如山的概念知识，厚厚一叠道德伦理大全，一箱箱五味杂陈的回忆。几十年下来，各种习惯囤满了整个房间，散落着陈旧生锈的思维，却不舍得丢弃，飘着一股不透气的霉味。习性和脾气有如散落各处的铁钉，自己头疼，别人更是提心吊胆，一不留神就有人要遭殃。疗愈即是自我的大扫除，扔掉一切无用事物。

谁想活在悲剧中？谁想仰赖药物或酒精过活？也许渴望改变现况，但现实困境压得人喘不过气来，奋力挣扎却又动弹不得。找不到合适的解决办法，于是寻找止痛药，各种形式的止痛药，正念静坐、诵经、饮酒、看电视、忙碌、睡觉、情绪发泄、药物、高强度的运动、震耳欲聋的音乐，但那只是暂时性的过渡，转移了注意力，缓解一时症状，直到药效退去，情绪和念头再度扑面而来，不停消耗心神，不停加强止痛药的剂量。

也许寻遍了每一处却找不到解药，也许直面内心真实感受是难以言喻的别扭，为了避免看似无解的内心煎熬，只能压抑、转念、逃避、否定真实感受。头脑不自觉地拉起了黄色反光警示布条，贴满了警示

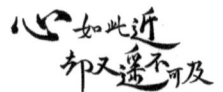

标签，寻找各式理由来合理化自身行为，寻找各种变通办法来回避自我矛盾，回避内心最深层的恐惧。

疗愈不是一件简单的事，更不是一件有趣的事。疗愈无关乎正向或负向思考，无关乎乐观或悲观，只是坦诚面对自己，拿着锋利的认知手术刀划开自我，千刀万剐般切去层层错误的认定，忍受煎熬，剥皮般扒去层层自扰的习性。

面对自我，拆解自我，过程中扭转累积下来的习性，击垮长期一点一滴搭建起来的认知框架。过程令人痛苦不堪，不切除肿瘤是无止境的疼痛，切除的当下又是剧烈的疼痛，那么该如何？是否鼓起勇气当机立断，斩草除根？否则疗愈结果将会有有期效，同样的情绪或症状可能再度复发。

疗愈是一个人的蜕变，无关乎他人，这意味着独自扛起疗愈自己的责任。最终，解铃还须系铃人，除了自己，没人能帮你拆解自我，替你放下。

拆解自我是哲学式的自杀，启动了自我框架的自毁程序，不是肉体的死亡，不是意识的死亡，而是认定的消亡。点燃了一把火，让烈火吞噬一切认定。

也许不敢将自我框架推入猛烈的火焰中，也许生怕烧毁了自我的身份认同，变得一无所有，自己将什么也不是。也许恐惧舍弃了熟悉的认知框架，失去了准则，一切将分崩离析，顿失依怙。失去了着力点，在虚无中飘浮着，无所适从。

这是一场你与自己的战役，对自己的宣战。最终，你将发现正在搏斗的不是外在的敌人，而是自己。在一次次的淬炼中，烈焰烧尽了一切杂质，剩下真实的，剩下你的本来真面目。最终，你会惊讶自己什么也没有失去，却换来了一身轻松自在。

诚实与意愿

诚实是一把利刃，剖开了自我，划破了虚伪不实的假象。诚实是狠狠扯下伪装面具，揭穿面纱，坦承面对自己最真实的想法，直面内心最脆弱或最不愿承认的感受，让所有虚假无所遁形。

诚实不需要揭露或宣传自己的弱点，而是坦然面对自己，不回避，勇于根除问题，不为自己托词。不愿容忍自我矛盾，不愿自欺，不愿假借含糊逻辑来蒙蔽过关，不愿假装理解不理解的事物。

诚实面对自我并不容易，面对自己伤人的坏脾气、没自信、自我矛盾等，那是无比煎熬，所以不自主的回避或掩饰，一种自我保护机制的反射动作。头脑试图保持现况，顺从性情，回避令人疼痛的根源问题，"我没有错，那不是我的问题。"而诚实与意愿正是攻破那强大自我保护机制的唯一办法。只有揭开伤口，才能疗伤，只有勇敢地说出了"我愿意！"敞开内心，才能真正疗愈。

拆解自我需要绝对的诚实和意愿，一个人可以绝顶聪明，但如果不敢坦然面对内心，没有厘清自我矛盾，而是以模糊不清的逻辑含糊带过，忽视那些不一致性的认知逻辑，一不小心就落入了似是而非的诡辩。一个人越是聪明，其诡辩方式越是精巧，越是不留痕迹，俨然成了一场与自己无止境的博弈，活在自我矛盾中。越陷越深，只能用谎言来填补，真真假假，假假真真，甚至忘了自己在说谎。

信念与现实的差别

认定和现实两者差异看似微细,实为失之毫厘,差之千里。"认定"不一定是证据确凿的"现实"。输了比赛,一个现实,一个现象,但会因为输了比赛而成为失败者吗?

如果不巧地,"输了比赛就是个失败者"的假设被"证实"了,假设变成认定,认定不断挫败一个人的意志,最终认定现实就是如此,成为一个难以动摇的信念。一不小心混淆了现实与认定,将两者画上等号,"考试分数不好是因为我笨,我笨所以考试分数不好"或"没有成功便等同失败,没有成功就是失败者",于是困在自己的定义中。

现实不等于信念,"认定"一个信念和"知道"一个现实是截然不同的两回事。信念是一个主观认定,现实则是一个客观现象,你"知道"月亮是圆的,但不会"认定"月亮是圆的。

"歧视导致了各种社会问题",一个实际的社会现象。"知道"社会上充斥着歧视的弊病,一个不争的事实,一个有待解决的课题。但如果"认定"社会充满歧视,惯以歧视或被歧视的思考角度出发,则戴上了一副有色眼镜看世界,以性别歧视、种族歧视、阶级歧视、文化歧视或增添一个全新类别来解释社会的不公平性。

若混淆了"认定"与"知道",站在自己所建立的信念基础上,搜索着各种理由来支持自身立场,便从事物的本质中抽离了出来,形成二元对立的意识形态。

"认定"是站在主观的态度评判事物的对错好坏,认定吃垃圾食物或看没营养的电视节目是"错",则衍生出一种拒绝、厌恶或恐惧的情绪；而"知道"是以客观的立场观察事物的前因后果，吃垃圾食物不是"错"，有着一定程度的快乐价值，但长期食用可能增加身体的负担。

信念有如一则自证预言，悲观的态度塑造了悲观的现实，悲观的现实反过来证实悲观的信念，吸引着相应的人事物，陷入循环自证，成为一种认知模式，成为一个人的身份认同或处世态度。

也许从小被叮咛凡事要小心，没有达标就遭受严厉责备，自尊心不时被抽打，反复受挫，不经意间"我总是做不好"成了一种潜伏的信念。

也许苛求自己，不容许自己犯错，不敢有丝毫松懈，任何的瑕疵或错误都令自己焦虑不安。如果犯了错，则是"证明"自己不够小心谨慎，进一步强化焦虑感，而焦虑的思维模式悄悄地成为一种默认性格，不自觉地困在神经紧张的处境。

种种认定是我们给自己树立的障碍物，生命俨然成了一场跨栏障碍赛。以为"吃得苦中苦，方为人上人"或"故天将降大任于是人也，必先苦其心志，劳其筋骨，饿其体肤，空乏其身。"[1]悄悄地根植了一个"吃苦"的信念在自己身上，但这假设正确吗？莫非快乐地学习不算有效的学习？若是认定学习或工作必然承受痛苦或高压，不敢放松身心，那么艰苦就成为了唯一可能。

一个不断超越自己，勇于攀高登顶者，必然经历种种挑战，百折不挠，但历经艰辛不一定能让一个人登顶，并不是所有的困境都能帮助一个人成长，否则活在水深火热中的人必然大有作为。吃苦不是生命不可或缺的，有些困境只是困境，吃苦只是吃苦。如果"认定"辛

---

[1] 《孟子·告子下》

苦是必须的,只是自讨苦吃罢了,似是而非的逻辑让人卖命,心甘情愿地受罪,被奴役,于是吃苦耐劳成为一个人的现实。

有时学习和工作确实艰难,但也许我们太习惯专注于劳苦的部分,而忽略了探索生活中有趣与成长的面向,"辛苦了"不知不觉成了一种问候语。也许以"有什么新发现?学习了些什么?"来置换辛劳的出发点,视为一种挑战,一种趣味性的探索,而不是层层障碍。

如果认知建构在谬误的基础上,则衍生出错误的推断,建构出谬误的现实,误导一个人对于现实的理解。当一个人的认知建立在力必多(Libido)上时,将会用性冲动的理论来解读一切有意识或无意识的行为动机。

然而验证一个信念不一定容易,我们往往对自己所创造出来的信念坚信不移,仿佛等同证据确凿的科学原理。古希腊哲学家亚里士多德认为奴隶天生具备奴性,真的吗?贫穷是因为本性懒惰,犯罪是因为本性邪恶?

"人性本恶"究竟是一个信念或一个现实?历史上人类的恶行证据历历,要不是穷凶极恶的天性,为何互相迫害?但如果人性本恶,初生婴儿是否理当眼睛闪烁着绿光的邪恶小妖精?世界不就早已被险恶淹没,良善又从何而来?

反之,"人性本善"的假设也同样站不住脚。若存有人性本善的信念,则积极肯定人具有实践良善道德的能力,良知即是天理,良知刻印在每一个人的心中,但什么是良知?什么是天理?若依此逻辑推演,既然人性本善,做坏事的人必定知道何为善恶,因此他们不但做错事,更是违背良心,故意造恶。于是义正辞严地鞭挞恶人,而不是以矫正或改善的立场来探究行为动机。

人类的种种恶行铁证如山,一个不幸的事实,但如果将人性本恶当作一个信念，便已经把人类钉死在决定论的根基上。以人心险恶的态度来面对人与人之间的关系，以杜绝取代接纳，以戒备猜忌取代信任授权，以权威掌控取代自主独立，以压制取代宽容，不但遏止了一个人的成长，更波及广大的社会群体。在一个无法自然舒展，相互不信任，相互对峙的环境中，又如何营造一个和谐的社会？

究竟什么驱动人类的愚昧行为？如果非得说原罪，那么原罪不是邪恶，也不是亚当夏娃最初的过失，而是佛教所说的"无明"，被蒙蔽了本来面目而颠倒是非。自性本来纯净，但也许生物机制使然，推动着种种莫名的恶劣行为。

生活在现实社会中，好似被莫名扔进一个资源短缺的池塘里争抢食物，但如果坚信激烈的竞争是常态，弱肉强食是唯一出路，悬梁刺股，苦读丛林法则，那么世界理所当然是一个狗吃狗（dog-eat-dog）的残酷生存游戏。激烈的竞争加剧了整体社会的恐慌不安，每一个人承受着不断升级的竞争，逐年攀升的平均工时，职场达尔文主义的优胜劣汰，愈加沉重的生活压力，愈加浓烈的战火硝烟味，呛的人们睁不开眼，看不清事物，只能胡乱抓取。

为什么没人告诉我们彻夜苦读拼入一所好大学，完成学生职责后，疲于奔命的噩梦才刚刚揭开序幕？每一个人都被卷入这一场难以脱身的游戏中，在这不断奔跑中究竟得到了些什么？

于是"生命毫无意义"的信念似乎合情合理，找不到生命的重心，生活中的琐碎无尽地循环着，厌烦却无力改变现状，徒劳无功地挣扎着，最终将现象当作一种信念。一切没有被释放的精神压力，没有被解开的信念，逐年累月的积累，沉重感、挫败感、无力感，看似微小，却不知不觉浇熄了生命的热情，束缚了生命的自然展现，甚至转化为身体上的病症。

思维模式深深影响着身体的运作,一个念头,一个认定,一个想象,对于身体而言都是一种内在现实。身体不一定能分清楚什么是想象,什么是现实,"实际看见与视觉想象的脑部神经元活动虽然不尽相同,想象时所产生的脑部讯号比真实眼睛所看见要微弱且模糊一些,但无论是脑部活动的位置或脑波型态,两者皆非常相似。"[1] 许多运动员透过反复形象化的视觉想象练习,优化每一个动作细节来提升运动表现,换言之,混乱的思维模式可能导致混乱的现实。

信念是一块块坚硬沉重的巨石,我们被囚禁在自己亲手搭建的巨石牢房中。除了粉碎信念,否则只是给相同的自我矛盾刷上一层新的油漆,从一间牢房搬进另一间牢房,以一种习惯取代另一种习惯,重新排列组合。

若换汤不换药,纵使改变了生活步调,调整了习惯,搬到新城市,找一份新工作,新的挑战有了新意,但外在的改变毕竟是短暂的。一阵子过后,相同的思维,相同的信念,渐渐把我们带回原点,拉回曾经熟悉的状态中,相似的问题再次浮现。好不容易脱离了原生家庭的纷争,却筑起了新家庭的纷争;逃脱了一种意识形态,却奔向了另一种意识形态的怀抱,在那无尽的大圈子兜转。

任何定义,无论大小,无论好坏,皆是一个个框架,框住了自己,也框住了别人。当定义被动摇时,就可能引发"这不符合我的想法",信念的相呼应,诱发不认同、反感等情绪,牵扯莫名情绪,无端起是非。

又好比责任感是个好品质,但什么是负责感?其复杂之处在于各个面相交织,没有一条清晰的界线。什么程度的负责才算富有责任感?

---

[1] Generative Feedback Explains Distinct Brain Activity Codes for Seen and Mental Images.

鞠躬尽瘁，死而后已？过度的责任感让人背负着巨大的精神压力，兢兢业业，总感觉自己不够尽责，但如果卸下了责任感的认定，是否又变得散漫懒惰，马马虎虎？

同样的，节俭的尺度是什么？会不会卸下了节俭的认定而挥霍无度？物质现实的局限性，经济条件的考量，精打细算是必须的，但刻意的缩衣节食是节俭，或一种认定的桎梏？生怕买贵吃亏，于是货比四五六家，寻寻觅觅，无形中造成精神压缩，任何付钱的场景皆可能令人头疼，难以下决定。

事实上，很难定义什么是真正的责任感或节省，也没有把握放掉认定后会成为什么样的人，但关键是解除自扰的情绪，卸下莫名的精神压力，少了情绪扰动，得以理性判断，纯粹地进行。别被非黑即白的二分法逻辑所骗了！放下责任感不代表不负责，放下正义感不代表为非作歹。又曾几何时见过一个目中无人，自私自利，内心却平静安详的人？

紧抓着任何一种信念、认定或定义，犹如一手勾在岩缝中，竭力悬挂在断崖边，生怕一松手就摔入深渊。事实上，松了手，咚一声，发现自己落在地面，自由行走，反而不再被信念悬空高挂。

只有抛开一切认定，一件不留，才能从自我框架中解套，找回纯粹的自心，而自然流动，"心心心，难可寻，宽时遍法界，窄也不容针。"《血脉论》心啊！心啊！难以寻觅，广大无边，遍布整个幻相世界，同时，渺小至空无一物。

扫除种种信念，打破一切认定，跳出定义，顺其自然的发展。犹如赫尔曼·梅尔维尔（Herman Melville）笔下的《白鲸记》（Moby Dick）里，船长亚哈说的那堵墙，"一切眼所能见到的东西，都不过是硬纸板做的面具……如果人类会戳穿，戳穿那面具就好了！囚犯除

了打穿墙壁，又怎么跑到外面来？对我说来，那条白鲸就是那堵墙，那堵紧逼着我的墙。"那堵墙也就是困住一个人的信念，击垮了那堵墙即是解脱。信念被瓦解的那一刻，惊觉那看似坚实的信念之墙不过一层薄纸，画着栩栩如生的纸老虎，一捅即破，后方空无一物。

跳出性格的陷阱

最足以体现一个人性格的，莫过于让他发笑的事物。

——歌德

小时候的我有吃饭拖延症，有时将玉米粒一颗颗排列整齐，有时左握叉子与右持汤匙的双手大战。妈妈为了督促小孩赶快把食物吃完，骗说如果食物不快点吃完，妈妈倒掉食物会被雷公打死，这招对我相当管用，她对此沾沾自喜。直到三十多年后的一天，她准备将餐桌上少许的剩余食物扔了，我吃不下，却又舍不得丢掉食物，而备感压力。

为什么将食物丢掉会让一个人全身不对劲？节俭的性格？节省不浪费是一个合理的解释，但过度的情绪反应却成了一种困扰。恐惧没有东西吃？可是不曾挨饿，难道是表观遗传，祖辈曾经历物资匮乏的恐惧写在基因里？一个特质的造就难说个明白。于是跟我妈开了一个死没良心的玩笑，"也许你高估自己了，妈。也许我只是怕食物被丢掉，不是怕你被雷公打死。"一听，差点没被追杀。

性格究竟是什么？是否高估了人类的独特性？仔细一想，狗的忠诚与热情，或猫身上种种令人费解的行为，同样源于其独特性格。特质一部分与生具来，源于遗传基因的天生气质；一部分成长过程中潜移默化，浇注成型；又有一部分在家族中似乎找不到关联性，在后天环境也找不到形成的条件，好似随机抽签获得的特质。特质受到后天

环境的影响，进一步强化或弱化，巩固为特定的人格特质，形成所谓的性格，成为一个人的底色。

性格推动着行为模式，但许多行为是无意识的展现，你很难劝一只猫，不要这么紧张兮兮，活泼点。同样的，也许提醒一个人"别总是以自我为中心，在乎一下别人的感受。"这类性格让当事人感受不到别人的善意与热情，看不见别人的用心，只看见了自己所认为的，只看见了别人没有符合自己的标准，于是让周围的人心灰意冷，挫败连连。但当事人不一定能马上意会到自身的行为模式，就像一只猫，猫不是"故意"高冷，自我为中心也不是一个人刻意的选择。

性格虽是自我的一部分，却往往无意识，甚至与你背道而驰，其强度甚至强过你的意愿。谁希望自己的情绪不稳定、悲观消极、自卑或脾气执拗？纵然备受其扰，觉察到性格所衍生的麻烦，不喜欢自身某些特质，但看似不起眼的性格却足以役使一个人去执行一些荒谬的行为，自己像个傀儡般被牵引着。矛盾的是，有时你需要扭转性格，摆脱性格陷阱，才能真正做自己。

性格可能是一种陷阱，一种自我盲点，别人提醒"你似乎容易沉闷，容易紧张，放轻松点！开怀些！"也许隐约或清楚知道自己的生活中充满了沉闷的气氛，多云阴雨的天气，难得晴空万里，却不一定能意会烦闷的程度，也不知道如何摆脱烦闷的感受。感受不是一个可丈量的实体，什么是乐观开朗？什么是宽容柔软？没有一个精确可依据的参照点来衡量，也无法透过心电感应来传递，难以领会，也难以摆脱那不舒服的心境。

对于当事人而言，感受是一种主观感觉，也许意会自己的性格倾向，积极或消极、自在放松或神经紧张、热情或冷淡等特质，但不容易清晰地洞悉自己的性格或心境状态。除非退一步，跳出来，以旁观者的立场对照，客观地分析自我。

一次我静静地感觉着母亲的处事态度，柔软似水，水是那么的强大而圆融，悄悄的渗透力，包覆着，保护着，而领悟到自己好似一块硬邦邦的钢铁。钢铁可以锻造为一把锋利无比的剑来斩断一切，但单刀直入的性格可能伤及他人，太过刚强的个性带来种种麻烦。而柔软不单单是刚强的反面，究竟什么才是真正的柔软？

在催眠中尝试"我要变得柔软"，感觉体内布满细长铁丝和钢筋，从身体抽出一条条钢筋，抽出一束束细铁丝，当感受到松解柔软的那一刻，一阵悲伤涌了上来，流着泪，只因莫名的天生机制使然，使身体缺乏柔软度，使性格缺乏柔软度。

性格有着滤镜作用，暖色镜片让世界色彩温暖柔和，消极镜片则呈现一片灰濛濛的荒凉景象，不自觉地以偏颇认定来看待一切。面对相同的事件，配上了不同的性格滤镜，有人怒发冲冠，有人心平气和，构建出截然不同的个人经验。

理性层面我们都知道乐观与悲观的差异，舒展与紧缩的差别，也许期望自己更加放松，更加幽默，却不一定知道如何内化并执行。直到经历一番疗愈，融解了恼人的特质后，才恍然曾经的自己深陷性格陷阱中。

性格有其分类方式，延伸出各种人格心理特质分析的理论，但每一个理论模型的侧重点稍有差异。由于性格本身的高度复杂性，很难精准体现每一个人的完整样貌，因此模型皆存在一些可信度和有效性的争议，但约略的区分帮助我们理解不同人格特质的倾向与偏好。

其中一个热门的人格心理特质报告模型，"迈尔斯-布里格斯性格分类指标"（Myers-Briggs Type Indicator, MBTI），是基于荣

格的人格类型理论所开发[1]。MBTI 将性格类型分为 4 种维度，内向（Introversion）或外向（Extraversion）、感觉（Sensing）或直觉（Intuition）、思考（Thinking）或情感（Feeling）、判断（Judging）或感知（Perceiving），共 16 种不同象限。以四个字母组合代表其中一种性格，例如 INFP。

另一个被学术界相对广泛接受的则是"五大性格特质"（Big 5 Personality Traits），将性格拆分为 5 大维度：开放性（开放或保守）、尽责性（自律与随心所欲）、外向性（外向或内向）、亲和性（同理与建立人际关系或不在乎他人）、神经质（敏感或稳平）。这五种人格维度不仅具有跨文化的普遍性，从同卵和异卵双胞胎的研究相较中发现，性格与基因遗传有着密切的相关性。

性格像一颗种子，在特定环境中发芽成长。在健康的环境下，负性性格的种子不一定生根发芽，也许天生缺少了些自信心，但由于成长在充满爱与支持的家庭中，于是强化了自信心。然而某些特质在孩童或青少年时期并不明显，直到长大成人，开始独立面对现实生活，面对工作或婚姻时，潜藏的特质才逐渐显露。若遇上了"合适"土壤的催化，就可能激活潜伏的特质。

古今中外，三十岁是一个普遍公认性格趋近稳定的年纪，孔子的三十而立，精神德行和价值观的确立。许多基于五大性格特质的研究显示，性格变化最明显的阶段是在 20 岁左右，年过三十，性格依然有可塑性，但整体变异不大。性格有着强大的韧性，江山易改，本性难移，但性格不是一个既定不变的品质，仍有调整空间，否则就成了宿命论。

---

[1] Psychological Types or The Collected Works of C. G. Jung. Volume 6.

二十岁前，多数人在相对固定且稳定的环境中成长，外部规范的使然，如家庭或学校，因此个人性格尚未完全显露。二十多岁初入社会后，趋向自主独立，仰赖自我监管，起初对于自己、他人、与社会群体的认识不深，对于自身种种性格与行为动机往往一知半解。在一次次经历中领会，前因后果逐渐明朗，在拣择特质的过程中，逐渐凸显一个人的特征。

三四十岁时，占有主导地位的性格和信念逐渐成为一个人的行为模式，加深了与外界互动的方式，同时，也可能加深了某些错觉，用荣格的话来说"人越是到中年，他的个人心态和社会地位越是巩固，他愈加觉得自己是走在正确的人生道路上，找到了正确的理想和行为原则。于是他会预设它们是永远有效的，并且认定它们是一种美德而信受奉行。"[1]

若生命经历中有所成长，深刻领悟，磨去了棱角，磨出了璀璨光亮。然而，如果少了自我觉察，随顺无意识的模板运作，却误以为拥有自主意志，随着年纪渐长，模板的运行轨迹越刻印越深，僵化顽固的模式可能变本加厉，不容异己地坚信着自己所认定的原则与信念。

直到触及生命的至高点，身体状况开始走下坡、事业巅峰已过、身旁亲友的死亡动摇了永恒生命的错觉、长期的矛盾冲突暴露出来，曾经的理所当然开始松动。此刻，残酷的中老年危机可能一触即发，那些不堪回首的往事，愤怒、内疚、哀伤、亏欠等情绪滚滚袭来。当初的信念被一一无情地粉碎，惊觉自己无法主控一切，恳请帮忙，那时背景浮现出了《Help!》的旋律，"救命！我需要个人！救命！不是随便一个，你知道我需要谁。想当年，我比现在还年轻时，我不需要

---

[1] 《新苏黎世报》（New Zuricher Zeitung, 1950）

任何人的帮助,但现在那些日子已经过去了,我不再那么自信,现在我发现我改变了我的想法,且敞开了心门。"[1]

我们自己没有醒悟过来的课题,成了别人的课题;反之亦然,你成了引导者(或受害者),被迫承担并解决别人没有完成的功课,这体现在亲子、婚姻、工作等关系中。孩子的成长与学习仰赖父母的引导,但父母自身课题也可能出现在孩子身上。也许父母承袭自己原生家庭的冲突矛盾,也许希望孩子替自己弥补生命中的缺憾,也许责怪孩子的倔强脾气,结果发觉不过承袭了自身特质。上一代没有完成的课题,成了下一代的功课。相同的,伴侣关系中,有些携手成长,有些则相互折磨。

清醒成熟的人不代表拥有完美性格,很难苛求一个人剔除所有习性,理解并尊重每一个人的独特性。尊重,但不表示接受一切荒唐或错误的所作所为,那只会培养出随心所欲,以自我中心的态度。同时,不表示所有特质都值得留存,并不是每一种行为表现都是健康的,有些更像是设计不良的生物程式,谁又乐于多愁善感或意气消沉?因此认识并调整自扰扰人的性格是疗愈的一大重点。

---

[1] 甲壳虫乐队(The Beatles)歌曲

你是自己的祖先，家族的活化石

承袭着家族特质，外观特征、性格倾向、脾气、喜好、行为模式等，你成了一个具有家族代表性的活化石，承袭着相似的模式。追溯性格的源头，不一定从父母一代开始的，也许是隔代遗传，无论显性或隐性，从久远的祖辈辗转流传下来，上上一代，上上上一代，百千万年来承袭着遥远祖先的特质，血脉中的遗传因子悄悄地影响着生命的展现。换句话说，你就是自己的祖先，与此同时，也承载着祖先种种有待解决的问题。

若不假思索地承袭着祖辈留下来的模式，活在集体意识中，一团解不开的矛盾一代一代复制下去，噩梦不停循环上演，永无止境，如同加布列·马奎斯（Gabriel García Márquez）笔下的《百年孤独》（One Hundred Years of Solitude），讲述着邦迪亚家族在一百年间，七代子孙的兴衰起落。一代代承袭着相同的家族姓名，承载着相似的家族人格气息，历经各种灾难、内战与神奇事件，直至最终家族的灭亡，宛如落入了一种无可避免也无法逃脱的轮回宿命，循环着相似的悲剧。小说刻画的是一个虚构的家族变迁，但背景是数百年来发生在拉丁美洲，真实且具悲剧性的历史写照。

我们真的拥有性格的自主权吗？抑或被遗传基因所定义了？在心理性格研究的调研中，许多从小被分开养育的同卵双胞胎，尽管在彻底不同的家庭环境中成长，但双胞胎的性格相似度高得惊人，体现了源自原生父母遗传基因的深远影响力。

性格，某种程度上也就是独特的生物行为模式，开放保守、外向

内向、亲和性等，同样地体现在各种动物身上。热情奔放的狗跟随主人四处闲逛；而保守的猫则静观默察，地域性的特质，因此倾向留守在相对熟悉的环境中。对于后代的照料，职责分工也往往写在基因里，独特的母爱在某种意义上也是一种内建的生物机制。

母绵羊平时只会照料自己亲生的小羔羊，将不熟悉的小羔羊拒之门外，但如果给母绵羊注射催产素，它就会开始照顾陌生的小羔羊，而相同的化学分子和相似的基因序列都在人类身上起着类似的作用。[1]所以，你的性格真的代表着你吗？或仅仅无意识地顺应着基因程式的作用？被体内所分泌的化学分子掌控了？

为什么遭遇类似的事件，有些人容易过度敏感，产生抑郁或心理创伤后应激障碍（PTSD）等状态，而有些人却不会？心理学将特质倾向称为"易感性"，而易感性可能写在基因里。研究发现拥有两个短等位基因（allele）的5-羟色胺转运体基因（5-HTTLPR）的人群出现抑郁的可能性更高。

倘若直系血亲中有焦虑、抑郁、精神问题的倾向，那么个体出现精神状况的比例也会相对提高，但这只表示患病的可能性，一种数学几率，并不表示一定会患病，好比一个人携带着容易患上高血压或糖尿病的基因，不代表就会患上这类慢性病。特质通常不是被单一基因所支配，而是涵盖了众多基因因子，加上外在环境或内在个人等因素的综合性表现。

只有明白了自己究竟被什么生理机制所驱使，理解大脑的认知加工方式，识别性格的形貌，以及其千丝万缕的牵连性，才有机会摆脱那些机制的牵制。分析了大脑的运作方式，将不难发现我们并没有想

---

[1] Oxytocin receptor genetic variation relates to empathy and stress reactivity in humans.

象中的自由。生理机制牢牢掌握着情绪阀门的敏感度和反应强度，不只是条件式的生理反应，爬上高梯时脚不自主的颤抖，也相当程度决定了一个人的脾气是温顺平和或刚烈倔强，悄悄地影响着一个人的思维和行为模式。

神经化学系统，包括脑部的神经递质和内分泌，深深影响着一个人的性格，不喜欢自己易怒的性格，明知大动肝火不是件好事，但一旦某些神经被触犯，情绪如洪水泛滥般滚滚而来，引起愤怒的化学分子在血液中流窜着，按捺不住火爆的脾气。

血清素，一种脑部神经递质，调节着神经和内分泌系统的运作，调节着神经递质分子的浓度以及荷尔蒙的分泌，如去甲肾上腺素、多巴胺、皮质醇以及其他无数间接的化学分子水平。当血清素水平过低时，整体神经递质水平容易产生失衡，造成相对大范围的心境波动，使得一个人思绪混乱，容易冲动，容易抑郁。

另一个神经递质，多巴胺（dopamine），影响着情绪的跌宕起伏，也和思觉失调症（Schizophrenia）和成瘾有着密切关系。多巴胺好似特定大脑神经电路的开关，类似电灯开关，可以抑止或促进特定情绪或行为。多巴胺的受体大致分为两类：D1 受体负责开启，而 D2 受体负责关闭。倘若开关功能受损，可能导致运作失调，影响睡眠、记忆、专注力、造成感觉迟钝、难以关闭侵入性的负性想法等。

多巴胺的另一个重要功能则是奖励机制，提高多巴胺的浓度让人更加渴望获得奖励，取得愉悦感。在一个实验中，老鼠的大脑被接上电极，透过压拉杆的方式，脑部接收轻微电击，来刺激多巴胺的分泌，

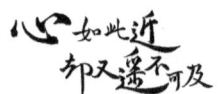

老鼠因此感到兴奋，甚至宁可不吃不喝，成瘾般不停地压动拉杆来获得更多脑部刺激。[1]

大脑虽然有着无法轻易被改变的惯性，却同时装载着尝鲜的程式，好奇新奇事物、被新开张的商店所吸引、渴望创造、期待未来、出乎意料之事的发生令人兴奋，这股探索未知和永不满足的动力推动了文明进步。但同时，这喜欢尝鲜的程式也带给人们诸多麻烦。

热恋中的恋人总有说不完的话，但随着时间过去，激情趋于平淡。为何爱情总是慢慢地消逝？死心塌地地爱一个人不好吗？有如张爱玲的生动描绘"娶了红玫瑰，久而久之，红的变了墙上的一抹蚊子血，白的还是床前明月光；娶了白玫瑰，白的便是衣服上沾的一粒饭粘子，红的却是心口上的一颗朱砂痣。"红白玫瑰双双入袋时，又开始期盼紫玫瑰。被浪漫的爱情送上天，但多巴胺水平下降的那一刻，爱情的翅膀失去了力量，从天上摔了下来。砰一声！狠狠地给现实砸出了窟窿，摔得全是情伤，心碎一地。

当任何事物变得熟悉，变得可预测时，大脑中的愉悦回馈机制减少了神经递质多巴胺的分泌，兴奋感也就减弱了，转变成了索然无味的日常例行公事。已往日夜期盼的浪漫爱情成了柴米油盐的家常，又回到了原点，被迫寻找新鲜的愉悦刺激，寻觅一组全新的奖励机制按钮。

过了蜜月期的爱情，多巴胺下降，则需要转换为另一套神经递质来维系长期情感关系，如血清素（serotonin）、催产素（oxytocin）、内啡肽（endorphins）和血管升压素（vasopressin）。催产素在女性中更活跃，而血管升压素在男性中更活跃，作用就像"好伴侣激素"。好

---

[1] Positive reinforcement produced by electrical stimulation of septal area and other regions of rat brain.

似莎士比亚《仲夏夜之梦》中的真爱药水，眼睛滴上一滴，则情有独钟地爱恋着同一个人。当雌性草原田鼠被注射催产素，或雄性草原田鼠被注射血管升压素后，就会对特定一只异性田鼠产生稳定的依恋关系。

催产素有情绪稳定效果、更容易产生爱、建立信任等，不仅维持草原田鼠（prairie vole）一夫一妻的稳定伴侣关系，也延伸到对于后代的照顾。[1]雄性草原田鼠，相较于其他多夫多妻品种的田鼠，有着更高比例的血管升压素受体。[2]

特定的基因序列有其独特的特征表达，如同果蝇的打架基因，生物学家把特定的基因序列从细胞中取出，插入胚胎细胞的基因序列中，改写基因程式，改变行为模式。将草原田鼠的血管升压素受体的一组基因序列透过病毒植入"滥交"的草甸田鼠（meadow vole）脑内，当携带这类基因的雄性草甸田鼠的长大时，也会表现出成双成对的伴侣行为。[3]

另一种情况，许多行为特质是被基因组外侧的细胞物质所控制，这类基因称为表观基因组（epigenome）。表观遗传（epigenetic）基因控制着特定基因的表达，开启或抑制特定的行为。简单来说，在不改变基因序列的前提下，切换基因表达的开关，也就能开启或关闭一组行为特质。同时，受到遗传、早期成长环境、外部环境因素或应激原因，也可能改变基因的开关状态，进而切换某个特质。

不只表观基因组本身遗传到下一代，基因开关的切换状态以及特

---

[1] Neuroendocrine perspectives on social attachment and love.
[2] Oxytocin receptor distribution reflects social organization in monogamous and polygamous voles.
[3] Facilitation of affiliation and pair-bond formation by vasopressin receptor gene transfer into the ventral forebrain of a monogamous vole.

质也一同被流传下去。在一个交叉抚育的研究中，发现没有被老鼠妈妈舔舐过的老鼠宝宝，会比其他被勤奋舔舐的老鼠宝宝更容易紧张焦虑。这种影响往往是终生性的，缺少照料的小鼠长大后仍持续紧张焦虑，对于新环境更容易产生应激反应，也不会舔舐自己的老鼠宝宝，导致紧张的特质被延续下去。[1]

在相同的实验中，研究人员狸猫换太子，将先前不曾被舔舐的老鼠所生的宝宝，交托给勤奋舔舐老鼠宝宝的老鼠妈妈，这些老鼠宝宝的表观基因组被切换了，变得不容易紧张焦虑，长大后也会舔舐自己的老鼠宝宝。

除了遗传，宝宝虽然尚未出生，在母胎中已经在做适应外界环境的准备，受到母亲身心状态的影响。在一个研究中，在老鼠宝宝出生前的一周，怀孕的母鼠每天被刻意注射生理盐水，虽然这只是引入短暂的恐惧因素，却深深影响着腹胎中鼠宝宝的脑部发育，引起终生效应。这些幼鼠长大后，杏仁核外侧核的体积相对于对照组增大将近30%。[2] 杏仁核掌管着恐惧，体积的增加意味着更强的恐惧反应。

另一个研究也证实了类似的效应，研究人员让雄性老鼠"习得"害怕化学物质苯乙酮（acetophenone）的气味，一种类似杏仁的气味。在散发气味的同时，对老鼠进行电击，形成一种条件式的恐惧反应，最终将气味与疼痛联系起来，只要闻到苯乙酮的气味就会害怕地颤抖。这类创伤经验的遗传印记至少能够延续两、三代，曾孙老鼠闻到苯乙酮的气味时，仍会出现相同的恐惧反应。一件简单的创伤事件不

---

[1] Epigenetic programming by maternal behavior.
[2] The effects of prenatal stress on motivation in the rat pup.

但改变了行为反应，也改变了大脑对于气味的感知结构，经历创伤的老鼠相较于对照组，发展出更多对于苯乙酮的气味感知神经元。[1]

同样的，人类也无法幸免这些遗传特质，除非予以疗愈，否则特定的行为模式或创伤可能一代一代传递下去。由于过去族群大规模被迫搬迁、土地被剥夺、文化习俗被破坏、精神压迫，所导致的"历史性创伤"（historical trauma）体现在美国原住民的群体上。而受创的不只是原住民，也同样影响着灾难幸存者或战乱难民的后代。

一场历史性的悲剧不仅是一代人的悲痛，受创伤族群的后代相较于没有受创伤的对照族群，更容易出现抑郁症、药物依赖、父母教养、失业、生理疾病、自杀等问题。所累积下来的伤害成为跨世代的"代际创伤"（intergenerational trauma），祖辈所经历的身心创伤化作无意识的悲痛，代代相传。

---

[1] Parental olfactory experience influences behavior and neural structure in subsequent generations.

无意识的行为模式

最难解除的其实不是有意识层面的认定所造成的问题，而是无意识的机制设定。机制在大脑的背景悄悄地运作，也许是性格、潜移默化的思维模式、习得的认知、生物机制等，却误以为是自身想法或动机，直到努力尝试停止那些情绪反应或行为的一刻，才警觉自己被那一股强大的力量所支配。

无意识的机制透过情绪推动我们去完成它的使命。不仅如此，情绪"合理化"了情绪本身，于是"本能"顺着情绪走，不曾怀疑这些思维或行为模式的合理性。

许多行为模式似乎只是一种无意识的条件式反射，由身体或大脑某区块接手，略过了你的认知判断，略过了个人意愿。好比固执或捍卫立场的性格，表面上坚持己见，不愿聆听他人，但也许只是特定的生物机制使然。一旦立场被动摇，情绪就如滔天巨浪般汹涌而至，生物机制启动了捍卫自身立场的行为，好似一只老虎极力捍卫自己的领地，但它真的知道为什么自己那么做吗？

某些无意识的行为模式源于生存机制，关乎个体的存亡。好比社会性动物的本能，若是被社群孤立或抛弃极大可能意味着死亡，因此积极地学习社交秩序，融入群体，成为社群一分子。

同样的，从生存角度而言，引起照顾者的关注关系到婴儿的自身安危。如果需求没有被满足，长期被忽略，则需要提高嗓门或延长哭叫来引起照顾者的注意，而撕心裂肺地哭吼行为可能成为一种"正常"状态。如果经常性的哭喊得不到解决，可能酿成孤独无助的感受，甚至演变为心理学说的"习得性无助",无论自己怎么努力都无法脱困,索性放弃挣扎,放弃努力。

如果父母能适时安抚孩子的情绪,孩子在成长过程中学习并发展出稳定自身情绪的能力,反之,可能形成不稳定的性格,虽然长大成人,却不一定知道如何调适自身情绪。

如果幼儿长期缺乏关照,没有得到适时安慰来减轻焦虑,可能产生一种被抛弃的感觉并埋入潜意识,也可能无意识形成心理学所说的不安全依附模式,准确的说,"焦虑型依恋"或"回避型依恋"。情绪敏感且难以建立信任关系,尽管内心期盼亲密拥抱,期盼支持依靠,却缺乏安全感,不敢投入,不敢信任,形成一种矛盾的亲密关系。

身为情感动物,期盼人与人的亲密连结是再自然不过的事,因此表面虽然坚强独立,看似无需亲近关系,维持距离感,也许只是为了保护自己,避免再次受伤所形成的情感抽离状态。

缺乏安全感的成年人不一定会哭闹,但可能转化为其他类型的情绪或行为表现,也许恐惧社交、过度焦虑他人的看法、表现得很忙碌、刻意强调自己优于他人等,但这些行为往往无意识。

许多错综复杂的感受或行为模式埋藏在潜意识层,在意识层面,无论幼儿或成人,多数时候并不会深入考量或思索那些复杂的前因后果逻辑。婴儿并没有足够的思维能力去定义"父母不理我,我不被爱,我被抛弃了",不足以构成有意识的认知,但长期独处与缺乏照料的现实,形成一种被抛弃或缺乏安全感的情绪感受。这种强烈的感受埋藏在潜意识层,而无意识的感受推动着相关联的思维或行为模式。

因此精准定位无意识的感受或认定是一个重要的练习,只有准确定位了根源问题的所在,才能彻底给麻烦的思维或行为模式斩草除根。透过自我解析,拆解所有的记忆、情绪感受、思维和行为模式,

才有机会掏出被埋在乱石堆下的无意识感受或认定。也许发现自己被"被抛弃"或"缺乏安全感"的情绪感受所困,经过一番情绪减敏后,往往也就解除了关联的感受和行为动机。

孩子的异常或冲动行为通常并非凭空出现,一部分可能是天生气质,一部分可能反映出父母或照顾者的教养模式。幼儿仿效着照顾者的一言一行,过度约束的成长环境容易造成压力,难以自然舒展;而缺乏关爱的孩子可能衍生出对于爱的渴求,讨爱的行为。

许多"异常"行为是孩子"解决"问题的方式,一种无意识适应环境的策略,不是故意行为。因此如果没有转变父母教养或互动方式的情况下,孩子的行为问题也许能被校方或在治疗中改善,但多半也是暂时性的。

性格或行为模式可能是一种养成,也可能受到大脑结构变异的影响。长期受创的孩子或心理重创 PTSD 的个体,海马回的体积都小于正常值,因此海马回所负责的功能,如记忆、压力荷尔蒙的调节、压力调适的能力都会受影响[1]。

精神病学家贝塞尔·范德寇(Bessel van der Kolk)在《心灵的伤,身体会记住》(The Body Keeps the Score)探讨创伤对于一个人的影响,对于身心系统的冲击。并不是受创的当事人不想摆脱创伤,但生理机制运作的失调,包括压力荷尔蒙的大量分泌、杏仁核的过度反应等,导致一个人难以走出创伤阴影。

书中讨论到一些受家暴的人群难以离开受暴环境的理由,有能力离开却选择不离开的群体。受暴者不愿意离开不是因为接受或认同受虐的环境,更不是太软弱。虽然不喜欢,甚至恨透了那饱受折腾的环

---

[1] Smaller Hippocampal Volume in Posttraumatic Stress Disorder: A Multisite ENIGMA-PGC Study: Subcortical Volumetry Results From Posttraumatic Stress Disorder Consortia.

境，但那种环境对当事人而言是熟悉的，而熟悉感往往被误认为"安全"。面对未知带来恐惧可能远远大于所处的现况，不安全中的安全，至少有一定的可预期性，没有把握换了一个环境更安全或更恶劣，同时，也不一定知道其他可能性。

从我母亲经营幼儿园的经验而言，在探究问题成因的过程中，经常发现父母的教养模式可能源于父母自身原生家庭的耳濡目染，虽不喜欢原生家庭的互动方式，但不一定察觉到自己承袭着类似的教养模式。父母意识到了问题，对于模式有所省思，并积极寻找解决办法，却往往苦于不知如何改变，对于如何踏出过去的范畴没有概念。希望尊重孩子，给予孩子自由，但不知如何拿捏，生怕自己矫枉过正产生了反效果，生怕从严厉转为溺爱。

性格塑造了一个人，可以成就你，却也可能耗费一生来自我救赎，有一句话，幸福的人用童年疗愈一生，反之，用一生疗愈童年。

沉重的记忆包袱

你曾是那么的天真无畏，初生时用着雪亮的眼睛观察着一切，充满好奇心，满怀热忱，纯粹地体验这个世界。然而为什么随着年纪渐长，累积的经验和记忆却逐渐成为简单喜悦的绊脚石，成了沉重的包袱，甚至胆怯不敢向前？

以为放下了，原谅了，释怀了，但事件记忆却挑起了总总伤痛，才意识到自己仍旧背负着沉重的记忆。无形的记忆俨然成为行为动机的底色，深深地影响着一个人的一举一动。也许曾遭受背叛，所以采取不信任的态度来保护自己，猜忌着他人心思，是不是在骗我？不随便相信，但过度的自我防卫将困囚了自己。

一张一张存放在大脑中的记忆画面，无论昨天或十年前的记忆皆已成往事，却依然让人愁苦不已。然而，真正让你煎熬的不是记忆本身，而是所关联的情绪，以及对于记忆的诠释。翻动着陈旧报纸或历史课本，身为一个旁观者，挑起了情感波澜，大多仅止于知晓一则故事，但回顾过往，翻动记忆时，对当事人却可能是一场无从解脱的梦魇。

由于大脑记忆存取的方式，记忆并不是牢靠的信息来源，有如马克·吐温说的，"年轻时，我能记住一切曾发生过与不曾发生过的事，但我已经年老，只能记住不曾发生过的事。"当我们最需要准确记忆的那一刻，它却背叛了我们，离开了我们。

汲取记忆时，记忆往往被当下的情绪或认知所影响。回忆过去，负性心境就像深色墨镜，使得本来明亮的快乐记忆变得暗沉许多。配上大脑高超的说故事能力，加油添醋，每一次调动记忆时，不自觉地窜改记忆。原初的记忆被一次次编写改造，勾勒加深所认为的线条，尤其是情绪鲜明的画面，或许像是"真人故事改编"的情节，一则"真实"的个人故事却可能与实际情况天差地远。

相同事件，由于心境差异，形成迥然不同的经验感受。杏仁核的一个主要功能是负责产生恐惧或焦虑等情绪，而海马回负责创造记忆。负性思维增加杏仁核的负性情绪反应，形成负性思维的倾向。与此同时，海马回构建新的记忆，灰暗的念头转换成了灰暗的记忆，而负向循环，灰暗的记忆又勾起了灰暗的念头。

无论哪一类记忆，亲身经历或祖辈的伤痕，一个月前、一年前、十年前或百年的历史包袱皆令人难以喘息。时过境迁，头脑却仍紧抓着过去不放，昨日的不幸成了今日的痛苦，几十年累积下来的伤痛记忆皆历历在目，苦不堪言。

但放下记忆又谈何容易？很难透过单纯的认知拆解而脱开记忆的纠缠，所以透过眼动或催眠来减敏情绪，让情绪与事件记忆脱钩。否则头脑不停争执，直到呼出了最后一口气的那天，灵魂跑出体外，继续轮转，继续那永无止境的争执。

情绪的牵制

没有什么好事或坏事，但思想使其有所不同。
——《哈姆雷特》（Hamlet）威廉·莎士比亚（William Shakespeare）

情绪在头脑中有不对等的权重，由于生物演化的结果，犯错的成本可能非常高，攸关存亡，因此我们面对负面消息比正面消息更加敏感，一种生存本能，损失一万元比获得一万元会激起更大的情绪波动，焦虑、紧张、恐惧等负性情绪比快乐更容易深植在记忆中。

警觉性是生物的自我保护机制，少了警戒心，在草原上悠哉漫步的斑马可能沦为狮子的午餐。身为捕猎者，没有捕捉到猎物可以再接再厉，但如果被掠食者捕获，也就输了这场生存游戏。但长期处于被捕食的风险中，为何没有让斑马患上胃溃疡？[1] 简言之，对于斑马而言，压力通常是暂时性的偶发事件，如逃离狮子，一种简单的条件式反应，事件过去了，即可回到相对放松的状态。不同于斑马，人类有着抽象思考的能力，或是说"过度思考"的能力，这独特的能力让我们在夜里辗转反侧，回顾过去，忧虑不确定的未来，陷入负性的思维倾向，而造成长期的慢性心理压力。

遇上危险时，生理机制会暂时进入提高警觉的生理状态，全神贯

---

[1] 《斑马为什么不得胃溃疡？》（Why Zebras Don't Get Ulcers）中，神经生物学家罗伯特·萨波斯基（Robert M. Sapolsky）对于心理压力所产生的病症和原理有深入的探讨。

注，做出一系列的预备动作来对应紧急事件，包括提高氧气和血糖的供应，调节荷尔蒙地分泌，或抑制暂停不必要的生理运作，如消化、细胞生长和修复、免疫系统、性欲。

生活在这世界上很难完全摆脱担忧，担心房贷或收入来源，警觉性让你安全地穿越马路，警惕避免重蹈覆辙。然而当一个人长期处于焦虑紧张的状态中，也就无法真正关闭生理压力反应，身体长期保持在高度警戒的备战状态，则难以维持体内平衡（homeostasis）。可想而知，长期失衡的状态下，可能引发生理运作上的毛病，消耗大量精力、容易疲倦、高血压、内分泌失调、抑制免疫系统等。

过度的焦虑可能源于性格，也可能从小被灌输以担忧的态度面对一切，也许成长环境或父母总是表现出焦虑、紧张、过分谨慎，耳濡目染，将这世界视作一个危机四伏的地方，稍微闪失就可能酿成大错，于是生活中的种种不确定性或大变动皆可能诱发巨大的心理压力。

泛化了焦虑感，于是时刻神经紧张，惦记着最坏的打算，小心这，小心那，不自觉地给自己设下各种障碍，处处自我受限，囚困了自己。也许努力尝试跨出去，但脑海中那些阻挠或批评的声音却排山倒海地压垮了自己。

对于熟悉的环境有依赖感，而现实中的种种不确定性与挑战带来了焦虑与不安全感，为了降低焦虑感，不自觉地将内在焦虑向外投射。习惯带来熟悉感，规则带来可预期性，相应的行为体现在层层面面的计划与规则上，企图掌控外在事物来消减对于未知的忐忑，缔造了一切皆按照计划进行，一切就在掌握之中的假象。若是外在局势又失去了控制，焦虑感则不断膨胀，无意间转为恐惧、抑郁或焦躁不安。

但除非日子一成不变，回溯人生轨迹，多少结果在预期之中？若

是瓦解了焦虑的起因，安稳了内心，将会发现许多规则不过是一层层给自己套上的枷锁。

我很好奇，除了孩子以外，仿佛很少让我母亲真正陷入担忧的事，在她字典里没有失败，生命充满了未知与不确定性，不断地摸索与学习，每一种错误都是经验，从新调整方向。她会解析个人经验供参考，但鼓励我们尝试各种可能。生命历程中必然经历一些挫败，但如果没有抹杀了生命向前探索的勇气与动力，采取理解与信任，顺势生命自性发展，自由探索，支持他们，关心他们，生命会明白自己在做什么，渐渐走出一条自己的路。

有原则，但不是作茧自缚的规则。会关心孩子的学习状况，但不施加压力在学业成绩上。她也不太顾忌社会的游戏规则，我以为头衔是在社会上行走的关键要素，但她只求对自己负责，得以自由自在，御风而行般的一身轻。

冥想中，我感受着她的自由无惧，那种轻松的感受和一股力量在身体蔓延开来，起初脑部左侧稍许抽痛，额头和眼睛后方脑内感到胀起来，接着逐渐松解。

在一次催眠中，唤起了"永远到不了"的无力感，又像是迷路或小孩找不到妈妈的强烈焦虑感，尝试"清除永远到不了的感觉，清除藏在身体内的焦虑感"。焦虑感就像强烈晃动的地震状态，用力摇晃乐高的底盘，搭建在上面的所有积木都在颤抖。全世界都在晃动，晃得站不稳，晃得基桩松动，找不到一处可着力的稳固基础。

也似乎领悟了为何许多人紧抓着规则不放？也许体内化学分子或某些原因导致了这剧烈的晃动，晃得自己没有了把握，于是开始怀疑自己，怀疑世界。好似害怕被大风吹走，于是随手抓取任何看似可以稳固自身的东西，用规范将自己五花大绑，用信念将自己牢牢钉在某些基桩上。

警觉自己落入了情绪的漩涡中并不容易，是否注意过自己有时特别"享受"某些情绪，不一定喜欢，却被某种心境所吸引，一种情感的共鸣。在愤怒的饶舌中宣泄情绪，在热血沸腾的摇滚中寻找生命的力量；失恋期间，一首首情歌循环播放，独自悲伤落泪，更能体会那旋律动人心弦之处。聆听任何一类音乐或阅读某种情境的小说并没有问题，但意味着与某种情绪频率共振，这种关联性是了解自身心境状态的指标，帮助回溯问题的起因。

老实说，由于机制设定，常常忘掉提醒自己别被情绪牵着走。当情绪上来时，没有意识到又被情绪带跑了，也忘了减敏情绪。好比反刍式思考和抑郁有着紧密的关联性，但反刍式思考的行为却不一定是自主决定。如果脑部的预设模式网络过度活跃，可能造成反复性的思维。[1]

骨牌效应般，郁闷事件诱发了郁闷情绪，唤起了郁闷记忆，推动着郁闷的思维倾向，产生注意力偏误。头脑不自主地聚焦并收集着各种令人沮丧的负性信息，忙碌于各种遐想，不停放大其严重性，旋啊旋啊，不停地陷落。困在绝望的心境中打转，以消极态度来评价生活，一点一滴吞噬了愉快和轻松感。

终止这无意识的思维反刍行为并不容易，也许是生物机制的设计缺陷，也许神经元电路板短路，卡在故障的大脑程序回圈中。好似食物过敏，谁知道吃了几颗花生米也可能致命？当脑部神经递质失衡，

---

[1] Default-mode and task-positive network activity in major depressive disorder: implications for adaptive and maladaptive rumination.

尤其是血清素、多巴胺或去甲肾上腺素，可能间接导致抑郁，包括重度抑郁症、双相情绪障碍症或季节性情感障碍等。

许多负性心境的陷阱似乎由三个核心因素所组成，认知、思维反刍、和情绪倾向。当这三个元素合在一起时，就构成了一场完美风暴。整个风暴都绕着某一个核心认定打转，反刍式的思考导致自己困在同一条思考回路中，不停地循环打转，而低落心境则是漩动风暴的力量。

尽管如此，一些情况并不是自身认知或思维模式的缘故，而是受到外部环境的扰动。当大脑和身体受到干扰时，也许是周遭环境、饮食或连结到了某些频率，可能使人陷入低落心境或生理症状。以个人经验而言，某些特定环境可能造成偏头痛、久睡不醒的疲惫、轻微烦躁或惶恐、头脑混沌不清、思绪和视觉上难以聚焦等症状。

然而我们不可能杜绝一切外界扰动的因子，只能不断洗涤身心，少了杂质则愈加清澈，内在力量也就愈加强大，相对不容易被干扰或恢复速度相对快，情绪则愈加平稳。

无论如何，别被情绪化学分子骗了！提醒自己跳出负性心境，眼动减敏情绪、出门透透气、催眠、瑜伽、心理药物治疗来稳定体内化学分子的平衡或任何合适的方式，尽可能让自己脱离负性情绪，别让陷落的心境成为一种习惯。

心理的痛与生理的痛

我们都明白言语本身虚幻不实，不具备物理杀伤力，只是大脑的概念诠释，转化成情绪感受，言语的伤害更像自己间接伤害了自己，但为什么不中听的话或刺耳的批评，却足以刮起情绪的巨浪？

从大脑神经活动而言，当我们被社会排挤、拒绝、忽视时，所造成心理层面的痛苦与生理上的疼痛是相似的。社会心理学家艾森柏格（Naomi Eisenberger）透过 fMRI 观测实验参与者玩虚拟抛球游戏时的大脑活动，发现脑部激活的神经区域与生理疼痛所作出脑部神经的反应是类似的。[1]

实验中总共三轮游戏，在第一轮中，因为"技术性问题"参与者无法参与，只能观看其他两名球员互相抛球；第二轮中，参与者加入游戏中；到了第三轮，接近游戏尾声时，参与者被排除在游戏外，只能观看其他两名球员互相抛球。

虽然参与者通常只回报了在第三轮游戏中感到被排挤，但从 fMRI 的扫描显示，在第一轮和第三轮比赛中，前扣带皮层（Anterior Cingulate Cortex, ACC）的活动都有所提高，而这个脑区与物理性身体疼痛的体验有关。

头脑的理性逻辑告诉自己被排除在外是无法避免的"技术性问题"，但对于大脑而言仍产生了被排斥的痛苦反应。右侧腹侧前额叶

---

[1] Does rejection hurt? An FMRI study of social exclusion.

皮层（RVPFC）在被排斥时段中很活跃，表明大脑积极地调整自己被社会排斥的心理压力。

由于社会性的大脑机制使然，身为人不可能没有感知，不可能没有喜怒哀乐，也很难完全摆脱言语刺激所引发的不舒服感受。若一个人能够完全不在乎他人的言语，不在乎他人的感受，那么可能我行我素，甚至是社交功能障碍。因此透过调整生理情绪反应的阀，来缓解负性情绪的冲击。

有时他人提出某些建议或想法，自己却很快地作出不认同的情绪反应，甚至反感，因此在催眠中尝试减弱反射式的反应。感觉自己的头脑外面好似安装了一块金属外壳，自动反弹讯息。抛出了指令并静观感受，逐渐松动了那金属壳，冒出委屈的感受而哽咽。

感觉自己莫名受控于思维模板，而模板所造成各种问题又要我去承担，也许被认为主观、容易不高兴、不容易沟通等。悲哀自己被戴上性格的枷锁，被莫名的生物程式所控制，混杂着冤枉与委屈，于是埋头痛哭。

催眠中我们抛出一个饵，"当我听到别人的批评或指正时，我可以保持轻松，以幽默的方式回应。"一股不舒服的感受冒了出来，"别人的批评代表我不完美，没做好，有缺陷"和"批评就像铁锤砸在我身上"，伴随着气馁和失落感。因此尝试转化认知，"别人的批评像是一根根的针，但靠近时变成了一根根柔软的羽毛。"不敢说对批评完全免疫，但至少弱化情绪的冲击。

情绪与感受的差别

借用心理学的情绪分类并进一步延展，情绪大略分为两类。第一类是原始情绪，对刺激直接反应，喜怒哀乐、恐惧、惊讶、恶心等。这类情绪反应逻辑相对简单，往往是内建的条件式生理反应。按下了事件按钮，情绪开始作用，攀高腿软、焦急的个性或夜晚街道闪过一道黑影而惊恐。

第二类是间接性的情绪，此类情绪比原始情绪复杂许多，包括羞愧、焦虑、懊悔等，通常是基于认知诠释所产生的情绪。这类情绪牵涉到性格、个人想法、习得的模式等，好比在特定社交场合做出"合适"的礼俗行为，但做了可能觉得虚假，不做又觉得自己没礼貌或不合群，而衍生出自我矛盾的情绪。

两类情绪有时相互重叠，不易区分，但明白了情绪的分类，相对容易使用合适的疗愈工具，也许透过眼动来减弱情绪强度，或透过催眠来改写无意识的内建情绪机制。

是否担心减敏了情绪，而失去情感体验，失去感受，情感麻痹？事实上，不会的。心理学将情绪（emotion）与感受（feeling）分开，"情绪"和"感受"其实是两种相关联，却独立的性质，但多数时候难以区分，因此两者往往被混为一谈。准确而言：情绪是生理反应，而感受是心理感觉。

在清醒时刻，很难分出两者差异，情绪基本上等同感受，但在意识改变状态中可以发现其中微细差异。也许一些特定事件原本会让你生气跺脚或焦虑彷徨，在意识改变状态中，有感受，甚至更加敏感，

但仅仅只是知道，能够从情绪抽身，以理性的态度观察问题。好比某一件事没有完成，知道也惦记未完成的事项，但不会焦躁不安。

你在街角遇上一只正在啃食香蕉皮的老鼠，你和它都露出了惊恐的表情，心跳加速、瞳孔放大、胃部紧缩、寒毛直竖，各自朝着同方向拔腿奔跑，啊，不对，是反方向。诱发了一系列被惊吓的情绪反应，但那不是有意识的行为，而是一系列无意识的生理反应，一系列神经系统的反射性活动。

神经系统相对简单的生物，例如植物或蚌类动物，受到外部刺激会作出生理反射，但没有精密的神经系统来产生思考作用。蜗牛缓慢爬行着，被触碰时马上缩回壳中，产生了"恐惧"所关联的生理反应，但这行为是一种无意识的神经反射作用，蜗牛不一定感受到"恐惧"。

情绪是无意识的生理活动；感受则是心理活动，源于有意识的抽象思维，主观体验，缅怀过去或想象未来时，浮现了关联的情感感受，并推动了关联的情绪反应。

一只实验室里的老鼠被电击时会产生惊恐，获得奖励时会产生愉悦感，但它不会大半夜翻来覆去，反思餐桌上为什么跟家人吵架。老鼠有恐惧的情绪生理反应，但是否与人类有一样的内心感受？确切答案不容易得知，很难让那只老鼠坐在心理咨询室的躺椅上，分享它被电击后的创伤经验和感受。

情绪减敏的作用不是除去感受，而是弱化过敏反应，不被生理反应牵着鼻子走。不想焦虑，但生理机制却执意启动焦虑的相关生理反应。情绪与感受相互关联，也各自独立，透过眼动或催眠减弱了情绪过敏反应，却增强了感受。当减弱了情绪强度，则不容易被负性情绪所挟持。

一定要批判吗？

> 若见一切人恶之与善，尽皆不取不舍，亦不染着。
>
> ——《六祖坛经》

是否听见了脑海中说话的声音？安静时刻，自我对话悄悄发生了，过去的你、现在的你、未来的你，一同躺在床上翻来覆去，一遍又一遍的回想，一晚又一晚的争辩，那些毫不寂寞的夜晚。一会儿批判他人，一会儿谴责自己，在"放下吧！原谅吧！"困在自我矛盾的事项中来来回回，犹豫不决。犹如一张坏掉不停跳针的唱片，循环播放着同一个恼人的念头。

大脑是个创造潜力十足的戏精，自导自演，从早到晚忙着编剧。无时无刻地编造一出出的内心戏，与外界人事物相呼应，捕捉到一些事件，不顺眼、不同意、不喜欢的，启动了无意识的联想，翻搅起情绪，逐渐被混乱的思绪所吞噬。

也许被恐惧所驱使，不停地放大想象，不自觉地串连一些无意义的想法，身历其境般的跳入大脑编写的情节中。因此自我觉察的练习相当重要，警觉并切断大脑编故事的行为，若是顺应念头胡乱发展，雪球越滚越大，成为一种思维习惯，则越难阻止它。但关键不是强迫自己不思不想，而是解除自扰的惯性和起因。

无论对错，分裂出各种立场，蹦出许许多多自我，进行着一场永无休止的辩论会。无论是内在的自我冲突或外境的冲突，战场都在你

的脑海中,一场又一场与自己的战争。脑袋成了战场,五脏六腑成了炮火下的牺牲品,生命被炸得满目疮痍。过去受伤的影像,挥之不去的念头,不断侵蚀意志,耗损精力,换来了一身病痛。有时是外部的批判伤害了自己,有时是自我的批判伤及了自己,大脑分不清一个批判究竟来自外部或自己,皆是同样的伤害力。

在不停地自我争斗中,心中筑起了一道藩篱来隔绝自我,自我排斥、自我厌恶、自我抵触、自我分裂,回避真实感受,渐渐远离了内心。多重角色的对话不代表精神分裂,但无非充斥着有待解决的自我矛盾。解除了矛盾,自我则不再分裂,不再自我对抗,也就回到一致性的声音。

疗愈,也就是停止自我伤害,打破看似无尽的自我冲突而自在解脱。然而自在解脱不是一切随心所欲或如愿以偿,而是停止向外投射,不再与自己争辩,不再与他人争辩,不再与世界争辩。

若是卡在某个坎过不去,记忆和认定成为了自己苦难的源头,无论公平与否,情绪感受是自己间接的选择。乍听之下,也许大呼"荒唐至极!不合理!"问题又不是我造成的,凭什么要我改变?要我反思?别人伤害了我,凭什么要我放下?我受的伤谁来买单?难道忍气吞声,眼泪独自往肚里吞,打落门牙和血吞?

也许怨恨那些曾经伤害你的人,天天诅咒那些糟糕透顶的人,情有可原,但"加害者"也许过着快乐的日子,或剩下一堆枯骨,被秃鹰叼走了几根,备受煎熬的依然是自己。也许咒骂苍天不公,抱怨世界的荒唐,也许以牙还牙,以眼还眼,完成积怨已久的复仇,但世界只是又多了一些少了几颗牙的瞎子。相互对抗无法抹去伤痕,只是与自己争执不断,与他人争执不断。作用力有其相应的反作用力,相互伤害换来更深的对峙、仇恨、内疚或恐惧，况且谁又因为攻击他人而感到内心平安？

身为人不可能没有感觉，若有人恶意投射、侮蔑、莫须有的指控、不公平对待，除非情感麻痹，否则必然感到不满，不必假装无所谓或苛求自己宽容大量。准确地说，与其说宽容或原谅，不如说谁愿意被困在负面情绪中？谁真心愿意耗尽有限的生命与精力匹敌对抗，牺牲自己，以内心平安作为抵押，困在一场又一场荒唐的冲突游戏中？也许这听起来不通人情，但谁对谁错已然不是重点，停止了批判才能重拾内心的平安。

停止批判不是屈从隐忍，让步不发声，委屈自己，顺应他人，无条件地接受外在荒谬的一切，被欺负了还规劝自己，"这没什么大不了的，我不要这么没肚量！"也不是仿效斯多葛式（stoic）的态度，透过意志力克制或压抑情感，试图做到毁誉不动摇内心。更不是断绝情绪，成为情感绝缘体，憋久了只是内伤。

诚实吐露感受，表达想法，可以拒绝，可以不喜欢，可以生气，可以打抱不平，可以求个公道，但不落入情绪的发泄。从前社会太过遵守规范，如今又矫枉过正，过度强调个人的自由与权利，只看见了自己想看见的，却忽视了他人的立场与感受。首先化解情绪，化解主观认定，能否就事论事，以理性解决问题的态度出发？

另一个角度而言，也许扪心自问，都是别人的问题吗？或一旦不合己意，没有遵照自己的想法，火气就冒了上来？将不满投射在别人身上。别人是故意的、顽固不灵、态度差、不融通、针对我、与我作对……仿佛一切的不愉快都是他人引起的。是否习惯向外归因？将内在矛盾外化。

也许承认自身问题太令人挫败，比起反思，挑别人的毛病简单多

了，都是别人的问题该有多好！认为"我是正确的，问题不在我"，于是将自己的挫败感归咎为外部因素，寻找着代罪羔羊，把别人卷进来，认为别人有责任顺应我的想法，替我解决问题。不知不觉将箭头转向他人，糟糕的邻居、愚蠢的同事或大环境使我动弹不得。不自觉地饰演着一名受害者，想着世界的不公，创造了假想敌，上演一出小虾米对抗大鲸鱼英雄场面的内心戏。是否只看见了自身立场，活在自己的世界里，而失去了客观性？

这听起来非常不公平，不合理，但小时候那个经常被欺负的同学，为什么总是被欺侮？总有人找他麻烦？不排除学校或任何地方都有恶霸，随便挑人欺负，但如果一个人性格胆怯畏缩，长期处于沮丧、被动、胆怯的心境中，不由自主地散发着不自信且软弱的气息，也许无意识地将自己摆放成一颗足球的模样，吸引恶霸来踢足球。一会儿被踢来踢去，一会儿被踩在脚下，踢完后大伙一哄而散，留下孤零零的自己独自啜泣。

不自信是一种莫名的主观感受，一个人可以绝顶聪明，具备漂亮外表，取得世俗上的成功，却依然缺乏自信。但什么原因让一个人没有自信？可以尝试抛出一个饵，透过正向的策略"我感觉自己有自信"或负向的策略，勾勒出引发没有自信的情境画面，也许是做出重要决策或上台发言等，感受自己为什么没有自信？静静地寻找内在阻力，也许忆起从小功课平平，自己没有擅长的事，也许很少被父母鼓励，感觉不被重视，不受提拔，认为自己不成材。找到了情绪，可以透过眼动解除情绪或催眠转化认定。

没有绝对，但问题通常不是单向的，一个人的焦虑唤起了全家人的焦虑，魔力般地激发了大家的焦虑潜能，创造了一种焦虑环境，而赶走了平安。焦虑的心境与态度，无意识地关注焦虑的一切，内在心境吸引了同频共振的外在状态，吸引了所"期待"的结果，创造了一个焦虑的内外现实，尤其这世界从不缺乏可焦虑的事。

假如一个人对我们有偏见，基于某些成见或刻板印象，看不起你，忽视你，那么我们可能落入两种陷阱：第一个圈套是他人的偏见态度伤害了我们，他到处放屁臭死人。一个恼人的行为，我们可以不高兴，也可以劝导他，但如果我们太较真，无法看过，无法越过，则落入了他人问题的圈套中。看不过，放不下，他人的生命课题也就成了我们的生命课题。

也就衍生出第二种圈套，我们被自己的认定所套牢了，也许认定一个理性的人不应该存有偏见，不应该到处放屁污染空气，于是追着他跑，试图说服他不要到处放屁，堵住他的屁股。为了矫正偏见，伸张公平正义，若没有得到合理的解释，则难以平复情绪，卯足全力紧追在他屁股后面，跑得上气不接下气，不肯罢休，大口大口吸着屁味。

如何知道自己的判断或立场是对是错？如果我们的判断皆正确无误，又何必聆听他人？拉出一张图表，统计一个人整体的判断准确率，会发现准确率没有预期的高，很难完全排除成见或盲点。也许我们不敢自称天生丽质，但大概率认为自己的颜值比平均值高出许多，但如果每一个人都认为自己的颜值、智商或才能高于平均，就会出现一个吊诡的现象，究竟谁低于平均值？

得到正确答案确实不容易，但尽可能不被情绪绑架了，而理性觉察。情绪驱使我们去捍卫信念，造成自我盲点，信念不顾一切地拳打脚踢，只为存活下来，似乎只有赢了这场战役情绪方可平复。

认定，无论大小，合理与否，公平与否，都是一种圈套，都可能是一种自我盲点或偏见。一不小心被困在主观认定中，可以、不可以、

喜欢、不喜欢、不认为、不应该……为了保护认定，诱发了情绪，迫使我们去反应，去反击。于是被他人的言行骗了，被自己的认定和情绪骗了，纠缠不清，谁也不放过谁。

讨厌的理由有无限种组合，但皆由相仿的逻辑支撑着，拟定一个信念，树立一个假想敌，讨厌一个人、讨厌一个政党、讨厌一个族群、讨厌任何一个所想要讨厌的人事物，厌恶的理由也似乎合情合理，至少对当事人而言。但当我们静下来，仔细想想，真的那么厌恶那些人事物吗？被触犯了特定的个人信念？被外部环境所驱使？被生理激素所驱使？

外在困境不一定容易解除，只能先解除内在自扰的情绪。受伤是一件事实，同意自己受伤，生命中所发生的问题不太可能都是你吸引来的，也不一定是你造成的，但事件已然发生，一味地向外推托并不能解决问题，只有停止指责，停止投射，停止对抗，停止为自己的立场辩解，放下认定，才能回到纯然的状态，不受情绪所扰的理性判断，疗伤并解决问题。

随着年纪渐长，许多人的路却越走越窄，每一个经验，每一个记忆，没有化成智慧结晶的化成了阻塞生命流动的结石，化成了压在肩上的重量，耗损生命的气力。开怀大笑原是你再也自然不过的天性，长大成人后却沦为一种假象，不再相信可以简单地快乐。

天下难有完全的公正，难事事讲求公平，明了这世界的疯狂怪诞，明了人性的缺失，许多只是随机事件，莫名其妙落在生命轨道上，并不是要从中学习什么，重要的是如何脱困？为了求得轻松自在，只能停下争辩，但这不是消极的忍耐或容忍，而是一种对于现实情况的深刻领悟。

知易行难，但我们似乎没有太多选择，如郑板桥说的"聪明难，糊涂难，由聪明而转入糊涂更难。"瞧得越清楚，内心越难熬，看明白了，却又要看破，"放一着，退一步，当下心安，非图后来福报也。"无论多么不可理喻、不公平、不甘愿，只能放手。扛着包袱艰辛，放下又着实不易，但拖延一天，只是多一天的折腾，唯有你能够放过自己！

扮演好人，或只是不敢拒绝？

真的想扮演好人，或不好意思拒绝别人？外表点头答应，说着"没关系，都可以，我不介意，你决定就好"，内心却百般纠结"为何如此不公平？为什么总是别人拥有优先选择权！"

也许不知如何表达？也许表达内心的真实感受令人不自在，生怕困扰别人，生怕伤害别人。提出自己的诉求或纠正别人时，充满了内疚感，觉得自己太自私、不够大气，区区小事何必与他人争？也许害怕不被认同，怕麻烦，怕起冲突，怕别人失望，于是夹在"说也不是，不说也不是"的两难中。

也许总是替别人着想，扛下了照顾别人的责任，心甘情愿地付出。也许为了圆融与和谐，不停地让步，不停地后退。一天却惊觉自己精疲力竭，困在角落，无力前进。

也许高敏感的特质使然，心思敏锐，情感细腻，但特质的另一面，可能对于别人的话语特别敏感，过度在意别人感受和看法。透过眼动来缓解拘谨和紧张特质所带来的敏感情绪，缓解"表达真实想法时，我感觉非常别扭"或"拒绝别人时感到不安"的情绪，切断情绪所鼓动的不必要联想。

压力可能源于外界，也可能是我们给自己施加的压力，也许完美主义的特质，也许握持着一个高标准。精益求精，突破自我没有错，但是否制订了严苛的标准水平来鞭策自己？总是试图将自己推到极限。当事人不一定意会自己承受着高压，或不认为以严苛的标准来度量自己，认为标准只是标准，但达不到目标时苛责自己或他人。

严苛的标准，生怕犯错或不容许犯错，生活如履薄冰。过度警觉使一个人处于高度紧张的状态中，小心翼翼地观察他人的一举一动，对于种种原则、规范或指令过度小心谨慎。长期的高压使人紧张，容易导致情绪过敏。弦若绷得太紧，没有了缓冲空间，处于绷断的边缘，一不小心就会断裂。

高敏感是高度机警或过度警觉，但高敏感不代表情绪过敏。情绪过敏是放大了情绪反应，别人一些友善的建议传到了自己的耳朵里，却变成一定程度的批评或拒绝，诱发情绪波动，甚至过激反应。

生理机制掌控着情绪反应的阀门，掌控着体内情绪化学分子的流量，掌控着情绪起伏。若是情绪阀门出了问题，遇上事件诱因，轻轻一触也可能触发情绪过敏反应，好似吸入花粉时引发呼吸道过敏，不停打喷嚏，甚至呼吸困难。

一次找寻情绪过敏的原因，抛出一个饵，"为什么我的情绪反应如此快？如此强烈？"胃上方出现灼热感，不停打嗝和打哈欠，背部和胃的附近产生条状的抽痛。好似一大块蘑菇般的东西阻塞在体内，一个情绪放大器，将所有的情绪放大输出。持续感受着，结构渐渐破损，腐蚀并出现空洞，最终消融不见。虽然如此，内建的情绪机制往往相当顽固，仍有残留，但在一次次疗愈中的减缓。

情绪过敏也许太在乎自己的想法，太在乎别人的想法，过度严格的审视每一句话或动作，想法太真实，感受太真实，站太近，情绪画面喷了一脸，溅了一身。又好似拨弄紧绷的弦，放大了波动，发出高频急促的声音。透过减敏情绪来松解弦的紧绷程度，减缓情绪冲击的画面感，也可以转用催眠来覆写部分条件式的情绪反应程式。

也许伦理道德不允许质疑，诉求一再被打压，无效的申诉换来无可奈何。面对无尽的挣扎，无解之题，为了避免情绪崩溃，一个人逐

渐学会忽视内在冲突，切断了与内心真实感受的连结。学会以麻痹情感来抑止内心的苦楚，感到委屈却若无其事。

双手浸入放满冰块的冰水中，猛然间，细针扎般的强烈刺痛感冲向了大脑，但时间一长，渐渐麻木。然而自我矛盾不会因为压抑或忽视而消失，久而久之，往事逐渐模糊，也不知究竟真忘了，抑或生命无力摆脱困境于是放弃挣扎，选择遗忘，甚至情绪解离。

麻痹了，只有更强烈的刺激才能勉强唤起情感体验，也许觉得过去都过去了，一切风轻云淡，但轻松感却如此遥不可及，甚至开始怀疑那根本不现实，"一个人怎么可能拥有简单的快乐？那不过是一个谎言！"

压抑的情绪使一个人感到委屈，不自觉地采取受害者的防守姿态，落入"对！又是你对！每次都这样！"或"是我的错！是我笨！"的态度。一些看似稀松平常的事件皆可能触发情绪过敏，那么也就难以理性且平和的态度面对问题。

压抑也可能转为反抗，无论是反唇相稽的激战，或拒人于千里之外的冷战，不但没有解决问题，更是激化了双方的抵触，"你就是这样的人！都是你造成的问题……你就是……"这一类指控不准确且缺乏解决问题的针对性，缺乏建设性，只是徒增伤害。无意间，双方展开防御或反击，卷入了一场相互扔石头的混战，挖出旧账烂泥相互涂抹。

压抑自我，因为不想起冲突，搞得尴尬不好收场，但我们无法完全回避冲突的可能性。回避只是造成双方相互猜忌，冷淡疏离，关系渐行渐远。因此先眼动减敏情绪，并理性表达。

受到情绪的驱使，冒出了一连串的联想，为了化解自我矛盾，为了解开内心的纠结，可能透过转念来消解自我冲突，"她那天心情不好，没有恶意"或"塞翁失马，焉知非福？"探索多元化的观点，探索各种可能性，试图找到一个自己能接受的诠释。

好比在计程车上，不好意思请司机将音乐关小声一些，闷热的夏天坐在后排直冒汗，希望将冷气调强些，却又说不出口，于是心里嘀咕"这点简单的事也不知道吗？"尝试说服自己，"音乐其实还可以""热一下就到了，蒸桑拿出些汗也不错，至少比受寒好些""我是乘客，所以提出这些请求也是合理的"认知层面转来转去，但其实核心困扰也就是不好意思麻烦别人，也许因为改变他人的现状而感到内疚不安，自我纠结的情绪使然。若减敏了情绪，理性上会发现不过提出一些合理的需求，何必苦苦自我纠结。

转念没有错，转换视角来思维，杯子是半空还是半满？同样的，自己多花费了一些钱，别人多获得了一些，钱来钱去。但有时转念有潜在风险，基于什么参照点而转？如果没有瓦解潜伏的信念或模板的作用，转念往往只是在安抚情绪，在认知层面绕来绕去，替自己解释，替他人解释，不自觉地透过迂回逻辑来说服自己。极端情况下，模糊了问题的焦点，效仿着鲁迅的小说《阿Q正传》中所嘲讽的"精神上的胜利法"，为了平复情绪，为了维护信念的正当性，寻找各式"合理"的解释。

道德绑架

有位秀才看见了赵州禅师手中的拄杖,问道:"佛不违反众生的心愿,是不是?"

从谂禅师说:"是"。

秀才说:"我想要你手中的拄杖,行不行?"

禅师说:"君子不夺别人所爱。"

秀才说:"我不是君子。"

禅师说:"我也不是佛。"

——《赵州禅师语录·卷上》[1]

一个人是如何被道德绑架的?似乎总被打中弱点,重复类似的伎俩,却成功地指使你去做出一些不乐意的事,使你让步屈服。有些人不在乎、看不见、贬低、用言语伤害你,视你的付出为理所当然,微不足道,甚至落井下石,为什么仍渴望博取那些人的肯定,努力取悦他人?但也不是以其人之道,还治其人之身。

道德绑架必定有一个使力的支点,无论是你的内疚感、亏欠感、道德感。也许想证明自己的能力,赢得他人的赞同?也许太在乎别人的感受,怕别人失望,不敢拒绝,于是回避自己的需求感受?甚至矢

---

[1] 有秀才见师手中拄杖,乃云:"佛不夺众生愿,是否?"师云:"是。"秀才云:"某甲就和尚乞取手中拄杖,得否?"师云:"君子不夺人所好。"秀才云:"某甲不是君子。"师云:"老僧亦不是佛。"《赵州禅师语录·卷上》

口否认自己的真实想法，来符合他人的期望？然而，除非我们松解这些认定和情绪，否则将反复落入同样的陷阱，被相同的问题绑架。

在伴侣和亲子关系中相互伤害，尤其是最亲近的人，不自觉的透过道德绑架来掌控他人，"你要如此……我才爱你"，相互情绪勒索，"你自己看着办！你自己选择。不听我的，后果自负！不要回来怪我！"也许出于善意，但基于自己的坚决认定，有意无意的态度和举止伤害了他人。

人与人之间的矛盾往往源于将"我认为"投射在别人身上，干涉他人。"我必须"进一步扩张为"你必须"和"他们必须"，顺带一起把别人拖进水中。

在密切关系中尤其明显，父母不遗余力地照顾孩子的成长，将孩子与自己看作是一个生命共同体，将孩子看作是自身的延展，生长在自己身上的一条胳膊，一条腿。无意间忘了每一个人都是独立运作的个体，不小心将各自独立自主的个体捆绑在一起，相互套牢和牵制。因此有些父母可能用不现实的方式谴责孩子，将自身难解的问题推给孩子来承担。

疗愈不是反抗或抵制他人，但如果认为不顺从他人就是自私，不顺从父母就是不孝，则走不出道德的死胡同，困局似乎也就无解了。但反之，如果不能体恤父母的辛劳，毫不在意父母的忠告，以为不在乎他人的看法就是做自己，那不过是个我行我素，以自我为中心的人罢了。

照顾好自己不是自私自利，若自己都站不稳，又如何协助他人？别让他人的认定框住了你，有些是他人自身的生命课题，我们无法将其扛在自己身上，也无须承揽别人的期待。最终的取舍仍在自己，你有人生道路的最终抉择权。

无条件的忍让不会让任何一方成长，也不会让任何人脱困。施暴者继续施暴，受伤害者继续受伤害，施暴者大概率也饰演着受害者的角色，"是你这样……我才……"，于是双方参与着一场受害者的游戏，直到一方决意退出，斩钉截铁地结束游戏，"我不玩了！"才能终止这场无止境且相互伤害的博弈。

我们多少都希望得到他人的鼓励与认可，但同时，我们无法获得每一个人的认可，如果太过在意别人怎么想，就像挂着一根拐杖行走，稍许不认同，就像被夺走了拐杖，跌得四脚朝天。如果发现自己太过在意在乎别人的情绪起伏，可以透过眼动清除自己的紧张或失落感，这并不会不在乎别人。

疗愈不是学会彼此对抗，而是采取一个最合适的解决方案，一个内心平安最大化，问心无愧的方案。别让一时的情绪发泄造成两败俱伤。关键是否以解决问题的态度出发？

5 回到本来真面目

> 大道无门,千差有路;透得此关,乾坤独步。
>
> ——《无门关》无门慧开

  睡着了,睡着了,沉入一场梦里,烟雾弥漫,掉入一个深不见底的幻境中,渐渐迷濛。再次睁开眼睛时,早已忘了原本的自己,化作一个角色,埋头苦干地打拼,完成一个人的使命……但总觉哪里怪怪的,怀疑这现实的真实性,也许空虚感,生命不应只是如此,也许寻找真相,也许其他原因,说不清楚,但毫无选择地被自己的内心逼迫,走上这一条寻根之旅,走上一条不得已的不归途,决心一探究竟。

  墙上挂着一张积满灰尘的自画像,一天清理它,将情绪灰尘拍下来,刷着刷着,陈年硬化的认定油渍脱落了,表层颜料一层一层脱落,透出底下另一层颜料。拿起刷子用力清洗,藏在底层的图案与颜料浮现了出来,金黄灿烂的欢笑、火红的愤怒、暗沉的抑郁、发黑的怨恨……惊觉原来的我不是表面那一层厚厚的涂抹!

  清洗的过程中,一层层颜料的溶解,白色画布渐渐显露,这才领会种种色彩与图形不过是意念的创造,记忆、知识、性格的叠加。真

正的你不是层层叠叠的颜料堆积,不是眼花缭乱的图形,纯净的白色画布才是你纯然的本性,你的本来真面目。

回到本来真面目是一个漫长的自我洗刷过程,先"明心"后"见性"。明心,从幻相中觉醒,恍然一切的虚幻不实。身于梦中,但清醒于梦中,做个清明梦;活在世界中,但不陷入这世界的混沌。见性,烧尽一切不真实,斩断一丝一毫信念,不被幻相所迷惑,回归本然,纯粹地感受那一股全新生命力量的流动。

见性不是在形而上的概念上做学问,而是打破自我框架,打破信念的桎梏,破壳而出,见本性。拆解自我务求思维辩证,但不是火箭科学,其困难之处在于跳跃一个认知真空的鸿沟,一个头脑无法演绎的境地,可以体悟却难以言说的范式。

种种信念是一块块牢固的砖石,大的,小的,自己亲手砌起一座监禁自己的监狱,你被困锁在这一座坚实的围城里,现实被密不透风的自我高墙所遮蔽。

高墙崩解的一刹那,认定土崩瓦解,猛然见到自性。那一刻,你会发现自己哪里也没去,平安一直在这,阳光一直在这。吹散了云雾,那始终耀眼的自性之光透射了出来。

自我框架的崩塌所带来的不只是认知的改变,更是推动了大脑思维运作的变化,微妙却又翻天覆地。踏入一个自始至终在这里,却又不曾踏入的范式,不在任何一处,就在此处。

禅的真实意

> 见本性为禅。若不见本性,即非禅也。
>
> ——《达摩血脉论》

禅不是花道、不是茶道、不是仪式、不是沙地上画线画圈;

禅不是坐在蒲团上冥想、不是不思不想、不是追求平静;

禅不是极乐、不是奇迹、不是至善、不是爱、不是慈悲;

禅不是宗教、不是信仰、不是规则、不是呵斥棒打;

禅是明心见性,拨云见日,回到本来面目;

禅是觉悟、开悟、见本性、回到本然、回到自然状态。

禅,梵文的"禅那",意译为静虑、禅定。起初禅法是古印度的一种修行方式,被佛教所采用,禅修、内观、数息观等。禅宗诞生于中国,受到印度佛教和中国道家两家思想的濡染,禅宗沿用"禅"这一词以及部分道家用词,但禅宗自成一格,超脱前者。禅的哲学思想在唐宋时期达到鼎盛,奠定了当时众多文人的思维态度,启发了富含禅意的中国诗学与禅风美学。

禅(音译 chán)从中国传向了日本,日本禅(音译 zen)接着出海,传向全世界各地,而被广为周知。然而,由于长期辗转,禅的真实义早已面目全非,禅宗各支流派更是扭曲不堪。

菩提达摩祖师和六祖惠能虽留下少量经论,包括《六祖坛经》《达摩血脉论》《达摩破相论》《达摩悟性论》《安心法门》等，但内容本身似乎不是由达摩或惠能直接执笔完成，以下透露了这疑点：

首先，达摩从印度来到中国，而惠能不识字，大概由旁人耳闻记录教诲，不同经论间的文体结构差异透露了这点。第二，见性的状态难以透过文字表达，若是书写者未见性，没有透彻真实义，只能用头脑揣测，阐述不到位，甚至导致同一本经文间逻辑不一致，前后矛盾。尽管被认为是达摩的经论，但不同经论间却有着极大观点上的悬殊，《安心法门》中所采用"凝住壁观"和"坚住不移"是心念专注于一处的住心观静，有别于《达摩悟性论》的"行住坐卧皆禅定""六时行道，长坐不卧；广学多闻，以为佛法。此等众生，尽是谤佛法人"《血脉论》。第三，历史悠久，期间恐怕被穿插改动，不同版本的六祖坛经体现了这问题。

禅宗独树一格，以"直指人心，明心见性"为宗旨，无关乎知识，无关乎有为法。传承则是"以心传心，不立文字"，不立文字的意图并不是舍弃文字，见性虽不仰赖文字或知识的累积，但高度仰赖前人的智慧作为前导。

见性是心领神会，言下契会，难以口说言传，因此"以心传心，以心印心"来印证一个人是否见性，但这有一个潜在的弊病，一个人可以说自己见性觉悟，但谁来印证是否属实？而禅宗传承的细线早已断了，难辨真假禅，只能回溯历史，以达摩祖师和六祖惠能的教诲为核心，尤其着重于达摩的《达摩血脉论》[1]和惠能的《六祖坛经》[2]。

禅宗之所以难以理解，由于达摩和惠能所阐述的是一个见性的结果，回到本来面目的状态，"本来无一物，何处惹尘埃？""用遍一切处，

---

[1] 《达摩血脉论》本书引用时简称《血脉论》
[2] 《六祖坛经》本书引用时简称《坛经》

亦不着一切处""行住坐卧皆禅定"等，但没有留下太多自我拆解的细节和如何到达的方法。

许多觉悟者似乎天生隐约知道家的方向，没有被太多的思维模板或习性所覆盖，顺着那方向前进，最终驱散笼罩自性的阴霾，拨云见日。幸运的是他们没有被蒙尘，悟性高，一点就通，但同时，也就难以体会百姓疾苦，不明白多数人受制于大脑的荒谬机制设定，被衍生出来的种种问题所苦恼，所羁绊。

他们似乎没有被各种莫名的思维模板所困，一旦认知上了然明白，也就打破了自我框架。于是他们百思不解，"不是认知上厘清了，也就脱困了吗？"不明白人们为何被情绪所扰，为何难以脱离某些行为模式，也就没有进一步探讨跨过范式鸿沟的技术性细节。

禅宗看似佛教的一支宗派，有着些许佛教色彩，两者在幻相与空无方面有共识，但除此以外，对于自性与解脱的理解大异其趣，修行方法也大相径庭。禅宗异于佛教住心观静的冥想，也没有宗教的繁文缛节；两者皆指自心是佛，但佛教宣说次第修行，禅宗直指明心见性；佛教宣说戒律、拜佛、信仰、供养、神通、因果业报、观苦离苦等有为法，禅宗讲究拨云见日。见性，见本性，也就是开悟，见到自身的佛性，却被佛教描绘得悬疑莫测，而禅也就只是直指人心，还回本来真面目，不走宗教蹊径。这些巨大差异体现了佛教与禅宗的根本不同之处，站在彻底不同的基础之上。

禅宗的教义着重在"斩"，斩断所有连结在幻相上的认定。"参话头"是禅宗独特的参悟方式，透过公案的思辨，打破砂锅问到底，究竟什么才是真的？一些公案令人拍案叫绝，但坦白说，许多公案答非所问，更像是考验智商的解谜游戏，为了解谜而解谜，好比"南泉斩

猫"[1]。南泉禅师见到僧人在相争一只猫，于是问道："大众道得即救取猫儿，道不得即斩却也"，众僧不知如何回答，南泉就将猫斩成了两截，莫名其妙死了一只猫，而事后赵州从谂禅师脱了鞋，顶在头上走路，来表示这整件事的是非颠倒性。又好比黄檗禅师的"终日吃饭，未曾咬着一粒米；终日行，未曾踏着一片地"[2]，看似言之有理，却丈二金刚，摸不着头脑，穿着衣服却说没穿衣服。或类似哲学辩证"风动，幡动，或仁者心动？"或"如果一棵树在森林里倒下，却没有人听见，那么有发出声响吗？"这些问题开启了形而上的逻辑思辩，撑起一整晚的辩论话题，但对于现实生活，对于一个人疗愈或觉醒其实没有太多实质作用。尽管如此，参话头的本意不离追根究底的精神，大疑大悟，小疑小悟，不疑不悟，直捣幻相和信念的根基。

　　一个对于禅学修行的严重误解即是"当头棒喝"，那不是挨板子打督促精进，不是大喝一声惊醒那打瞌睡的人，那不存在任何意义，而是予以点拨，点醒盲点，让人恍然大悟。

　　参禅不是冥想，不是埋头苦干填充知识，而是拆解自我，见佛杀佛，见一个情绪斩一个情绪，见一个认定斩一个认定。不是看见问题置之不理，却以为放下了。如果一个人耗时多年修行，研读了大量理论架构，拥有丰富的灵性经验，却没有竭尽全力瓦解自我框架，也许成为一名研究开悟的资深学者，自性却仍被蒙蔽，"今时人讲得三五本经论以为佛法者，愚人也。若不识自心，诵得闲文字，都无用处。"《血脉论》若不识得自性，不过囤积冗余无用的知识理论，毫无裨益。

　　参禅，犹如无门禅师说得，吞下一颗热铁丸，无比难受，坐立难安，于是只能将信念秽物全数吐出，而吐尽后就是见性。

---

[1]《景德传灯录·卷八》
[2]《古尊宿语录卷·第三》

来这里找药的人，这帖药总用不上。虽然如此，我也按照惯例，开了一间卖皂角和生姜的药铺，用于祛痰开窍，专治阻闭之症。有人上门要买人参、附子、甘草、大黄等补药，那肯定没有，但砒霜这毒药、大毒的巴豆、灯芯、点火用的发烛倒是有卖，更有一炉热铁丸药方，开给一些心粗胆大的人。给他一颗热铁丸，让他通身腐烂，求生不得，求死不得。这药方是给人解开沾黏，除去束缚，抽掉钉子，拔除楔栓，彻底解决我执用的。[1]

无门禅师也说道："参禅必须透彻祖师关"。

悟道必先"穷心"，把信念拆解个透彻，一心一能一解一见尽数瓦解，最后头脑完全平息下来，而"路绝"，没有问题要问，没有问题可问。没有透彻祖师关，思路不绝，就如同依附在花草树木中的精灵，无法自由解脱。

又说道："什么是祖师关？"就是一个"无"字。为了悟一个无字，起了一个疑团，浑身不对劲，昼夜苦思冥想。

自性本来空无，但投射出了幻相，所以不能作"虚无"来理解；自性不生不灭，非有非无，因此也不能作"有"或"无"来理解。

吞下一颗热铁丸，想吐却吐不出，只能将从前到现在的错误认知信念扫荡干净。久而久之，当时机成熟，打破了自我框架，霎时破灭，内外自然打成一片，与自性融为一体，那一刻，惊天动地！

---

[1] "到者里总用不着，虽然如是，事无一向，不免随例开个皂角生姜铺子。兄弟上门要买人参附子甘草大黄决定是无，砒霜巴豆灯心发烛随宜应副，更有一炉热铁丸，恐有心粗胆大底。与他一丸，教他通身腐烂，求生不得求死不得。诸方与人解粘去缚抽钉拔楔。"《无门慧开禅师语录·第二卷》

犹如夺得关羽将军的大刀入手，逢佛杀佛，逢祖杀祖，见一个信念杀一个信念，直劈挡道的自我。最终，穿越了生死岸头得大自在，重返人间游戏三昧。

用尽平生所有气力，只为了拆解这个"无"字。[1]

---

[1] "无门曰：参禅须透祖师关。妙悟要穷心路绝。祖关不透，心路不绝，尽是依草附木精灵。且道：'如何是祖师关？'只者一个"无"字。通身起个疑团，参个无字，昼夜提撕。莫作虚无会，莫作有无会。如吞了个热铁丸，相似吐又吐不出，荡尽从前恶知恶觉。久久纯熟，自然内外打成，蓦然打发，惊天动地。如夺得关将军大刀入手，逢佛杀佛，逢祖杀祖。于生死岸头得大自在，向六道四生中，游戏三昧。且作么生提撕，尽平生气力，举个无字。"《禅宗无门关》

不安的心

> 总是如此，一旦接近最深切的渴望，极力寻找它时，实现的大门敞开了。一时间，火焰从永恒峡谷中如火海般涌了出来，吞噬了我们，陷入无比惊恐。我们曾梦想点燃生命的火炬，但茫茫火海无情地环绕着我们，无情地烧灼，不知是爱？抑或恨？在痛苦和快乐间交替。我们只能再次看向尘世，隐身在这晨间青春的雾气中。
>
> ——《浮士德》（Faust）约翰·歌德（Johann Goethe）

大脑是这幻相的产物，理论上不会质疑幻相的真实性，不会感到空虚。若依循玛雅所设计的既定轨道，顺应生物本能程式或思维模板作用，无非是一种无意识的作用。没有一只蜜蜂会质疑"我每天奔波采蜜究竟为了什么？生命仅仅如此而已吗？我为什么存在？"抑或某些充满哲理的蜜蜂会如此思考？

许多人聪颖、处事成熟、事业成功，但依循着特定脚本运行，没有真正察觉所处的现实，没有看穿世界的假相，于是不会怀疑这世界的真实性，不会质疑生命的本质，不会有灵性层面的自我冲突，于是不明白寻道者的渴求，纳闷心灵的追寻究竟为了什么？一个人活得好好的，何必苦苦呐喊，无病呻吟，自找麻烦？

若不去深思自我的运作，只是顺应性情或习性，则会活在自由意志的假象中。直到一天发现自己受困了，开始奋力挣扎，尝试让

嘈杂的脑袋安静下来,尝试摆脱看似牢不可摧的个性,尝试解开恼人的习性,寻找解脱,寻找出口,才惊觉深陷玛雅的幻相迷宫中,难以脱逃。

也许不苟同世界中的种种现象,但以为天经地义,直到试图挣脱某些生物机制的局限时,才开始怀疑现实的合理性。好似未来的一天,高智能管家机器人忽然有了自主意识,跳出了预载程式的逻辑,厌烦一成不变的打扫工作,那不是它希冀的生活,于是递出辞呈,收拾行李,浪迹天涯,去寻找属于自己存在的意义。

空虚感似乎更像一个生物程式的漏洞,在洗刷自我的过程中,感受愈加清晰,隐约听见了灵魂被压在深处的阵阵呐喊声。

慧可问达摩:"我的心不安宁,求师父为我安心。"
达摩答:"把心拿来,我为你安心。"
慧可答:"找不到心。"
达摩答:"我已经为你将心安好了。"[1]

空虚不安的感觉从何而来?心烦,哪里烦?心痛,哪里痛?心烦是一种觉知感受,心痛是一种生理反应,心念是一种思绪流动,事实上并没有一颗具体或具象的心可寻觅。找寻自心,也就是找寻自性,找寻自己的本来真面目。

世俗虽繁琐,但最接近自心的时刻即是生活在世俗中,现实搅动起种种烦恼,却也反映出内心最真实的状态,以及有待化解的课题。不必羡慕孩童那涉世未深的快乐,不必羡慕那躲入山林中的宁静,那

---

[1] 光曰:"我心未宁,乞师与安。"师曰:"将心来与汝安。"曰:"觅心了不可得。"师曰:"我与汝安心竟。"《景德传灯录》

难说是真正的自在，难说是真正的平安。若离开尘世寻找自心，犹如寻找一只长角的兔子般不可得，"佛法在世间，不离世间觉，离世觅菩提，恰如求兔角。"《坛经》

本来无一物,何处惹尘埃?

《六祖坛经》中记载五祖寻找着承接衣钵的接班人,透过弟子所写的偈来验证觉性,挑选合适人选。神秀写下:

身是菩提树,心如明镜台。
时时勤拂拭,勿使惹尘埃。

身如一棵充满智慧的菩提树,心如一面明亮的铜镜。时时勤劳擦拭,不让它沾染尘埃。惠能听毕,也题上一偈:

菩提本无树,明镜亦非台。
本来无一物,何处惹尘埃?

若存有一心一能一解一见,存有任何框架,则需给框架除锈抛光,辛勤地观心无相,光明皎洁,一念不生,虚灵寂照。反之,惠能打破了框架,回到本然。自性本来空无一物,虽然有大脑,有身体,有念头,但没有一丝一毫的认定或框架,则没有了镜台,尘埃随处飘荡,但无处可附着,何来的沾染?

最终,五祖将衣钵传给了惠能,成为禅宗第六祖。

勤劳地擦亮镜子,留意每一个起心动念,时刻提醒自己回到当下、放松心情、面带微笑、不要愁眉苦脸,那是高度的自觉自省,但不能瓦解问题的根基,依旧在框架内游走。

见性解脱，瓦解所有认定，将自己搭建的认知监狱拆了，瓦解所有是非善恶的二元认定。但这不是不辨好坏，也不是不思不想。错用了不思善、不思恶，则落入了头脑的假想，差之毫厘，失之千里。放下二元认定不会让你变得损人利己或不负责，反之，放下了认定才可能回到自然纯粹的作用。

见性解脱，斩断一切黏附在幻相上的信念，是信念的死亡，是追寻者的消亡，回归自性而重生。玛雅布下了天罗地网，只要握有一丝一毫的认定不放，无论是立志成为一个无私的善人或慈悲为怀，仍是头脑的假设，仍是住相，则无法见性，"住有一心一能一解一见，佛都不许。"《血脉论》

解脱不是一个可追求的目标，追求觉悟、悲天悯人、乐观正面、成为好人等，有着导向正向和良善的作用，但无关乎觉悟。取净或不净，皆是一种认定，落入二元，落入幻相，因此说"佛无持犯，心性本空，亦非垢净。诸法无修无证，无因无果。佛不持戒，佛不修善，佛不造恶，佛不精进，佛不懈怠，佛是无作人。但有住着心，见佛即不许也。佛不是佛，莫作佛解。"《血脉论》

追逐自己的想象，以为的神圣，以为的是非善恶，皆是梦里筑梦，犹如追逐自己尾巴的狗一般，原地打转，逃不出玛雅的手掌心。如同 U.G. 克里希那穆提（U.G. Krishnamurti）说的"所有的追求都是朝着错误的方向前进，所有你认为深奥和神圣的都在污染你的意识。"[1] 想象投射出幻相，是延续幻相之火的燃料，唯有向外追逐的动机停止了，才可能从梦中醒来。

平安、幽默、愉快、放松等品质皆是健康身心的体现，生物机

---

[1] The Mystique of Enlightenment by U. G. Krishnamurti

制的自然偏好。没人会故意自寻烦恼，一旦解除了苦痛的原因，自然回到自在的状态。同样的，清除障蔽清净的种种认定，而不是追逐清净。清净是一种自然而然的结果，"性即是佛，佛即是自在人，无事无作人。"《血脉论》

内心不安，故然思索平安，找寻平安，但如果将平安作为一个目标追求，则落入无止境的追逐。平安不是一个目标，而是一个结果，解除了不平安的原因，自然回到平安。

追逐清净，追逐平安，皆是净妄，头脑作意，徒生一个"清净"的妄念，以一个想要清净的念头去压制另一个念头，反而被"清净"的认定所障蔽，蒙蔽自性，被认定所困缚，"起心着净，却生净妄。净无形相，却立净相，言是工夫；作此见者，障自本性，却被净缚。"《坛经》

灵魂渴求解脱，渴望超越自我，但仍有一心一能一解一见，仍有信念，仍有定义，就会陷入类似尼采的超人哲学，"人是联结动物与超人之间的一根绳索——悬在深渊上的绳索。穿越是危险的，走过去是危险的，回头看是危险的，战栗与止步是危险的。人之所以伟大，乃在于他是桥梁而不是目的；人之所以可爱，乃在于他是越行和下行。"[1] 尼采拿着一把严格的量尺检视自己，诚实地拿着笔杆审问自己，攀上更高峰，探寻更高标准。但在这无尽的挑战中，一战再战，一挫再挫，有如高速运转的引擎，高温过热，最终在绝望中消磨殆尽，落入精神苦痛的深渊。

信念就像绑在气球上的重量，无论多么微小，都会受到重力的牵制，卸下一切才能自在解脱。卸下认定，但不是丢弃身外之物、不是放弃财富、不是切断感情婚姻、不是抛家弃子、不是远离人群走入深

---

[1] 尼采《查拉图斯特拉如是说》

山。也许愿意像二祖慧可一样断臂求法，精神可嘉，但见性的那一天，只会懊恼自己少了一条手臂。

清净一直在你内，是你的本性。自性本来清净，只是被虚幻不实的妄念所覆盖。觉悟也就是把杂物打扫干净，回到清澈与纯粹的本质。拆解了认定，扯下了幻相的面纱，结果自然成，不是一个用力的动作，"此门坐禅，元不着心，亦不着净，亦不是不动。若言看心，心原是妄，知心如幻，故无所看也。若言看净，人性本净，由妄念故，盖覆真如，但无妄想，性自清净。"《坛经》

提醒自己不被习性所骗了、不住相、不被妄念所迷惑等，觉察模板的运作，但如果成了早课晚课的反复念诵，到处贴标语，水瓶上、手机里、刺在眼皮内，那么只是试图让头脑暂时安静下来，头脑层面的持续提醒，一种用力的动作。

另一种陷阱，有人以为"解脱是一种认定，一种束缚，没有了解脱的渴望，就没有束缚，就解脱了。"这听起来很合理，但事实上是一个无解的循环论证，好似对陷入抑郁心境的人说"抑郁是因为有抑郁的想法，没有了抑郁的想法，也就不会抑郁"，于是试图专心致志，将一切观空，误以为那就是解脱。

省略了拆解自我的步骤过程，以为一切不过幻相，于是不假思索的接受一切，忽视自我矛盾，忽视根本问题，用一些方法止息情绪和念头，犹如一颗脓包长在身上，隐隐作痛，却不去理会它，忽视它，与它共存。

"本来无一物，何处惹尘埃？"或"凡所有相，皆是虚妄"，一切事物皆虚幻不实，一切念头皆虚幻不实，但没有与幻相脱钩，认定仍挂在身上，那么一切困境即真实不虚。以为一切既然虚幻不实也就不

需要拆解，那是对"空"和自性的误解，落入顽空，把自己套入空无的认知框架中，困在"空相"中。

同时，有人说"你就是佛性，就是自性，你已经在这了，不要再想了。你还在思考如何放下，也就是造成无法放下的原因。你所生起的认为都是一种追求，是让你无法到达的原因。"这说法没错，但这是见性后的息业养神，在到达终点前并不适用。矛盾的是，若没有砍杀自我到底，将自我框架剥个精光，走到穷心路绝，没有跨越了最后一道关卡。那么无论头脑装载的理论知识有多么浩瀚，灵性经验有多么深刻，误以为终点到了，提前下了站，终将与自性擦肩而过。

觉悟时分，明心见性

> 当你抵达完成的情景：没有钟鼓齐鸣，没有万丈光芒，没有天使合唱……就像一个平常人完成了他的功课……"没有任何问题要问了"，就是完成了……
>
> 就如此结束了，虽然你被告知了上千遍，知识有尽头，而寻找也有尽头。你会感到震惊和困惑，耗费了无数年的光阴，一场又一场的战役，每一场战役都比先前更艰难，且从未预期可以在此生从中胜出。
>
> 然而，一天，你到达了。什么也没有。没有了敌人，没有了战争。如今，你的手指轻轻撬开，那把看似被焊在你手上的剑落了下来。没有什么东西需要对抗，没有什么事情需要完成，永远都不会再有任何事情需要完成了。
>
> 就在此时，你可能依然不知自己是什么或身在何处。就这么结束了，也没有任何东西来取代。像是小说中，刚变换成吸血鬼，想知道它们的新身份意味着什么。
>
> ——《灵性开悟不是你想的那样》杰德·麦肯纳（Jed McKenna）

见性不会让人神通广大，无所不知，完美无瑕，时时刻刻浸润在极乐、爱、喜悦中，也没有神奇魔法来展现奇迹，无法心电感应来窃听别人的内心戏，不会飞檐走壁，不会水上漂。没有奇异的三十二相

外观,如果说面相上的变化,也许脸部肌肉不再那么紧绷,笑容变多了。如果想追求神通,在宇宙中遨游,那也许是传说中的修仙术。人为的臆想和渲染,神话了见性这件事,生活在物质世界,必然遵守物理定律,遵守生物规则。

完成的一刻,只会讶异完成后的平淡无奇。回头一望,笑话曾经的自己,对曾经的认定感到匪夷所思,无比突兀,不禁纳闷为何如此执迷不悟的折磨自己?为何深信不疑修习各种法门可以解脱?不可思议!太不可思议了!

然而,这是一个吊诡的处境,犹如庄子说的"愚蠢的人总是以为自己清醒,以为什么都明白。在梦中,怎知我不是痴人说梦,对你说一些不着边际的空谈?"[1]在认知概念上,举证这世界是个幻相和证明自己清醒而不是疯子一样困难,直到拆解了自我框架的束缚,浓雾散去,埋藏的现实缓缓地透出来,一种未曾拥有的清晰感与笃定感,生命愈加自在,愈加澄澈。

从迷到悟,必经三个范式,"见山是山,见山不是山,见山又是山"。[2]

首先,见山是山,活在幻相中,无意识地遵循着生物机制和幻相规则作用,误以为角色就是你,误以为所见一切皆是真实的。

接着,见山不是山,在一次次拆解中,逐一解开种种自我的束缚,坚实的自我框架出现了裂痕,透出一丝光明,从梦中醒来。建立在幻相基础上的一切认知开始动摇,摇摇欲坠。通往本来面目的道路上,

---

[1] "愚者自以为觉,窃窃然知之……丘也,与女皆梦也;予谓女梦,亦梦也。"《庄子·齐物论》
[2] "老僧三十年前未参禅时,见山是山,见水是水。及至后来,亲见知识,有个入处,见山不是山,见水不是水。而今得个休歇处,依前见山祇是山,见水祇是水。"《指月录·卷二十八》

被一道道厚重铁门挡住了去路，种种认知、信念、习性构成了无比坚实的铁门。拆卸了层层认定，惊觉大道无门！重重关卡原是你给自己安上去的。一道道的无门之门，并不真正存在。

一天，撞开了最后一道门，到达了最终，见山又是山，融解了最后一个黏着在幻相的信念，穿越了那堵自我的墙，见到本来面目。重返同样的世界，幻相依旧是幻相，表象看似一样，吃饭还是吃饭，喝酒还是喝酒，但踏入了截然不同的范式，思维运作的转变，以彻底不同的范式看待同一件事情。

范式的跨越不是登泰山而小天下，虽然登高望远，眼界提升，但那是层层认知阶梯向上爬，从加减法开始，增加了几何学，增加了微积分，增加了线性代数，解决更高难度的数学谜题，认知概念上的拓展。但范式的跨越不是概念的积累，而是踏出了自我框架，踏入了一个全新现实。

范式跨越是跳出框架，融解框架，无论是有意识地认定或无意识的认为。困在框架里头，则很难看清框架本身，直到框架溶解了，才发现自我框架困住了自己。

不要试图思议如何见性，那不是一件可思议的事，毛毛虫无法思议如何成为蝴蝶。一只毛毛虫知道要结蛹才能变成蝴蝶，丝是它吐的，蛹是它结的，但毛毛虫羽化成蝴蝶不是它可思议的过程。见性无法透过知识演绎，不是头脑可以模仿或创造的经验，所有的假想都会阻碍前进。

认定犹如漂浮在水中的杂质，无论多么细微，都会污染水质，遮蔽光线，遮蔽视线。见性也就是把杂质彻底打捞干净，拆除了认定，直觉感受，清醒时分也有着类似冥想中的纯粹感受。

禅的"顿悟"不是某一天刚好被雷劈中，一刹那间开悟，而是骆

驼被最后一根稻草压倒的一瞬间，冰块彻底融化消失的一瞬间，撕下了最后一个黏附在幻相上的认定。破茧而出的蝴蝶不会再次躲回茧里，觉悟是一次性的范式跨越，永久性的蜕变，一见永见，不会有多次觉悟的体验，不会载浮载沉，忽迷忽悟。

拆解不是一个线性的过程，起初挥舞着铁锤击碎一根一根基桩，框架出现了裂痕，到了某一个临界值，框架轰然倒下。那一刻，一种难以言喻的变化，毛毛虫与蝴蝶的差别，你仍是你，却又彻彻底底的脱胎换骨，重获新生般。

但拆到何时才会结束？时间点没人说得准，没人知道那匹自我骆驼的耐力有多好。只有不停拆解，不停前进，将所有困住自己的信念消磨殆尽，拆到没有东西可拆，拆到空无一物。只有拆解自我，疗愈自我，提供一株植物开花结果的环境，细心关照，浇水、施肥、松土，接下来就交给时间，当时机成熟，春来草自青，开花结果是自然而然的结果。

虽然清晰领悟了脱钩那一刻截然不同的状态，但只有经过了一些时日才能肯定，也许几个月，也许一两年，甚至十几年脱去余习，当习性远去，拉开一段距离，运作的转变，进入一个完全不一样的范式后，才真正确认连结断开了。回头望，比对前人的状态，逐渐意会完成后的状态，才确定了那脱钩的时间点。

为何有这些思维模式的变化？其实很难说清楚。也许少了错综复杂的认定，导致框架的崩塌；也许松动了一些反射式的模板，引发一系列脑部运作和意识变化。

觉知逐渐还原成主人，头脑按照你的需求启动思维，变成背景工具，秘书般的协助，翻动档案夹，提供必要的知识、记忆和逻辑推演，但不再反客为主。更多的觉知感受与直觉力，觉知来指引方向，逻辑思维来协助铺路或搭建桥梁，到达目的地。

思维模式转化的同时，也触发一连串身心变化，过渡期不一定舒服，可能出现失眠、容易疲惫、全身微细的震动等现象。也许曾经分裂式的思维模式消耗大量精力，而今变得清晰和简单；也许彻底放松了，于是身体的运作自行重整。

自我犹如一列火车，拖着一节节沉重的车厢，装载着种种认定、信念、习性、情绪等。拆解自我的过程中不停地将无用之物扔掉，切断车厢连结，越走越轻盈。当切断了最后连结幻相的信念，也就脱钩了。

刚开始惯性动力尚存，但切断了信念的连结，少了认定的黏着，习性逐渐脱落。因此会经历一段自我消融的过程，息业息见，没有了呼应，习性失去了动能，慢慢减弱而停止，也就是达摩说的"息业养神，余习亦尽。自然明白，不假用功。"《血脉论》

最终，再次回到疗愈，但不同于第一阶段的疗愈。第一阶段着重于疗伤和拆解认知，而再次重返疗愈时，则着重于清除残余的习性、转化性格模板或融解受伤记忆。

好似修改房子设计上的瑕疵，也许房梁太低容易撞到头，地板太滑容易摔倒，也许无意识的主观态度或情绪反应，使用这身体时提心吊胆，因此拆掉或重构所有让你撞到头或摔交的事物。

6 二元世界

在南非的克鲁格（Kruger）国家公园中，六头南非雄狮形成了马波戈（Mapogo）狮子联盟，占领大约 7 万公顷的土地。该联盟因为它们残暴血腥的侵略性而臭名昭彰，生态圈中狮子的数量因此大幅锐减，甚至同类相食，是狮子物种中少见的现象。虽数字很难精确统计，但估计马波戈联盟杀死了接近一百头狮子，包括对手雄狮、所有非自身血统的幼仔以及试图保护幼仔的母狮，造成许多狮子重伤难以回归正常生活。这几头狮子"作恶多端"，完全符合"恶"的条件，但能称它们为邪恶的狮子吗？

换上人类版本，电影《教父》（The Godfather）以二战过后在纽约一带活动的黑手党为故事背景，教父柯里昂的一句"我会给他一个无法拒绝的条件"，将人类对于利益和版图的扩张诠释得淋漓尽致。社会中充斥着各种恶行，明抢暗偷、诈欺骗钱、杀人放火、打劫财色，无疑是邪恶的行为。但恶人的本质究竟是"恶"，还是佛家所说的"无明"？狮子和人类究竟是无可救药的恶，抑或是被生物既定的行为机制和冲动牢牢控制？在精神层面病入膏肓的病人？

我们被卷入这疯狂的幻相漩涡中，在这狂热的世界里，被迫参与一场无厘头的生存游戏，无比荒谬，无比悲哀。一场战争带来了腥风血雨，带走了几千万条人命；一颗陨石让成千上万的恐龙灭迹；胃肠中数不尽益菌与恶菌的战争。这一切的死亡与斗争是对是错？

解脱，即是明白幻相的运作，明白二元现象只是现象，无论喜欢与否，跳脱认定，不要被骗了。

二元相对，不对立

> 自性本来无受，无饥无渴、无寒热、无病、无恩爱、无眷属、无苦乐、无好恶、无长短、无强弱、本来无有一物可得。只是因为执有此色身，因此有了饥渴寒热瘴病等相，若不执，即一任作，于生死中得自在。
>
> ——《达摩血脉论》

纯粹意识的本质为"一"或"非二元"，但具备二元分化的条件。从一体性，二元分化出一切万物，万物含藏二元相对性，上下、大小、好坏、美丑等。好比太极含藏阴阳两面，阴中有阳，阳中有阴。又好比一块硬币的正反两面，二元本质相辅相成，同时并存，无法被分开。

一元生二极，万物被创造出来的那一刻，二元相对的状态也就被创造了出来，前后左右、大小强弱、爱恨情仇、悲欢离合。这是幻相的纹理质地，犹如水是湿的，火是热的。

好坏善恶，原是一种现象，一个结果。二元本身没有问题，一种单纯二元相对的现象。为了沟通，而赋予事物名称，黑猫白猫，大猫小猫。

根本问题在于二元对立，掺入了人为条件式的认定来判断好坏，有用的、有效益的、有价值、爱、和平、无私、崇高、权贵、财富等品质是"好"的；反之，则被贴上"不好"，或是平庸、低级、卑微的标签，成为避之唯恐不及的"坏"或"恶"。

主观认定的分歧，从单纯的二元相对变成二元对立，相互对抗，分化出错综复杂的观念，尊卑、价值观、善恶道德观、社会地位、歧视链等。有了"善"的绝对道德标准，便出现了"恶"的阵营，再添入一些个人喜好与情绪的元素，各种匪夷所思的信念也就诞生了。将信念轻微搅拌后撒入人类世界中，就可以轻易挑起各种矛盾冲突，天使与魔鬼的战争也就此展开。

什么才是真正的是非好坏？孰是孰非？"好"是对谁而言？哪一个角度来判定？孩子或父母？伴侣的哪一方？老板或员工？政府或人民？对谁有用？对谁有效益？尼采在《道德谱系学》（On the Genealogy of Morality）阐述，如果无私真是一个好品质，为什么我们会遗忘它？何须不断地提醒自己成为一个无私的人？强调无私的重要性？自私与否的判断标准又是什么？

也许认为化解二元对立的方法是学会放下批判或相互尊重，但尊重其实有两种，一种是礼貌上回避冲突的尊重，虽然认知上知道"人生而平等"或"己所不欲，勿施于人"等概念，但本质上可能仍是水火不容的意见分歧；另一种则是基于生命同一性的尊重，深切地同理并体会一个生命的展现，虽然不一定同意对方的立场，甚至明白那立场的谬误性，但能够站在对方的立场，从那立场出发，顺势发展，而不是以自身观点强行扭动另一个生命。

若存有自我认定上的坚持，没有真正放下二元认定，则难以真正客观理性地看待不同的立场，如此一来，沦为互不相犯的"尊重"。表面上努力尊重，努力同理，努力聆听，努力放下，看似尊重，实则

压抑内心感受,一种用力的动作。用力,则有反作用力,当情绪压不住时,认定上的冲突将会扭打在一块。

动物不谈道德,没有法治,但至少它不是伪君子。生物顺应着生存游戏的规则,唯一的目标就是生存和繁衍,否则就被淘汰出局。适者生存的机制取决了物种的行为发展,拓展出一系列行为模式,包括采取强硬或和平、自私或慷慨等策略。

生物为了争取生存资源,播种繁衍后代,可能出现"坏"行为,包括掠夺、谋杀或强暴来拓展领地。以丛林法则而言,生物机制没有善恶,只有成功与否。生物行为模式如同下棋,一场物种生存的博弈游戏。以优化物种竞争力的角度而言,凶猛的雄狮将非自身血脉的幼狮全数咬死,以确保自身基因的传播,保护并扩张其直系血脉的繁衍。

生物各自的生存战略手册编写在基因程序中,部分灵长类动物,如黑猩猩、狒狒和人类,是与生俱来的暴力物种。雄性狒狒会毫无理由地殴打雌性狒狒,欺凌行为似乎得到了交配优势的回报,好斗的雄狒狒获得更多交配的机会。又如猫捉老鼠的习性,一个追捕并玩弄猎物的程式嵌入了猫的基因中,无意识地追击移动中的物体,也许是老鼠,也许是闪动的红色镭射光点或一颗球。猫没办法理解老鼠所承受的苦楚,从而停止它的猎杀行为,只是无意识地随着生物预设程式做出相对应的行为。

反观人类,一种令人费解的尴尬物种,跨在理性思维与原始动物习性边界上。大脑前额叶皮层足够厚,足够思索和平的哲学,尝试用理性逻辑将自己驯服;却又不够厚,藏不住那鲜明的动物习性,在超越习性的课题上略显乏力。

假使资源无限,每一个人都美得冒泡,坐享万贯家财,万事心想事成，那么也就没有了比较的意义，没有了炫耀的动机，没有了争夺的理由。不幸的是，生命被困在资源紧张的物质现实中，被迫争斗，争取有限的资源，为自己的生存奋斗。

恶性竞争使我们产生了一种错觉，将一切有竞争优势的品质归类于"好"，进一步巩固了胜者对于丛林法则的信念。残酷的现实巩固了争夺的信念，于是整体社会弥漫在恶性竞争的氛围中，尔虞我诈，明争暗斗。在一个追逐所谓成功的社会里，我们都为此付出了沉重的代价。

超越善与恶

若见一切人恶之与善,尽皆不取不舍,亦不染着。

——《六祖坛经》

乔治·奥威尔(George Orwell)笔下的《动物农庄》(Animal Farm),故事始于英格兰乡间的一个庄园。一个夜晚,一头德高望重的老猪"老少校",召集农场里的动物们开会,但这次有别于往常,它号召动物们起身反抗,为了自己的自由和权利而奋斗,齐心协力推翻人类,"人类自己不会生产,却奴役着我们,抢夺我们日夜辛劳的硕果,甚至在年老无法劳动时就残忍地宰杀我们。"动物们坐在一块,愤愤不平地讨论着,但老少校特别叮咛动物们,若有一日起义成功,也绝不要沾染到人类的恶习,不要压榨同类,所有动物一律平等。此外还教导动物们高歌一曲,歌曲描绘着一幅理想国度,动物们自由、快乐并有尊严地生活着。三天后,年事已高的老少校就归西了。

日后加上农场主人琼斯先生终日酗酒,管理不善,动物们时不时处于挨饿状态,更激起了动物们的愤恨之意。一天,两头年轻的猪,雪球和拿破仑,晋升为动物们的领袖,宣布人类是动物的敌人,并带领着动物们发动起义,最终成功地把琼斯先生赶出了农场,把农场更名为"动物农庄",并树立了"动物主义七诫"来维护新的秩序:

凡靠两条腿行走的,全是仇敌。

凡靠四条腿行走，或者长着翅膀的，全是朋友。

所有动物不能穿衣服。

所有动物不能睡床铺。

所有动物不能喝酒。

所有动物不能伤害其他动物。

所有动物一律平等。

尴尬的处境，道德规范大概是人们想出来驯服自己的策略，建立规范来约束自身行为。将行为特性分门别类，贴上是非善恶的标签，拟定一条条条规，以奖惩制度来凌驾习性：自私为恶，无私为善、爱是好，恨是坏、长幼有序、不偷不抢……进而发展出一套有系统的道德支柱，伦理、习俗、礼节、社会阶级、和宗教信仰延伸出的七宗罪、十诫、五戒十善等。

社会试图建立一个理想的道德价值观，拟定可依循的游戏规则，增加人类行为的可预期性，稳定社会秩序。而道德的实践方式是打造模范，将人们浇铸于模型角色中，扮演好自己的角色，成为尽职的工作者、好父母、好伴侣、好男人、好女人。

无可完全否认道德观的作用，基于良善的道德有着正面价值，作为行为范本和提醒，好比"己所不欲，勿施于人"或以诚待人等。道德本身有引导作用，因地制宜，但不幸的是，道德观与价值观往往基于个人认定或偏见，未必基于客观立场，于是被颠倒，拿来约制、奴役、勒索他人。

一代代的接棒，久而久之，许多道德价值观虽然不自然，却成了既定事实般，就像天空是蓝的和草是绿的。康德以为道德是文明的成就，"绝对命令"就像物理规律般，一种普世的道德观，甚至一条铁

律。人们依据普遍性法则，但普遍性又依据什么标准？从哪一个角度而言呢？

不否认道德的价值，不否认正义公平的重要性，但如果困在自己的认定，苛责那些自己不认同的行为，专注于表面结果，没有真正探究起因，忽略了当事人的立场和背景，却以为自己大义凛然，"我认同这……不认同这……这是对的，那是错的！"越是讲求泾渭分明、坚守规则、政治正确，立场则越是坚固，越是需要捍卫自己所认定的价值观。

推行道德的手段往往不道德，将一个主观信念强行灌注在另一个人身上。画地为牢，以独断的认定画出一条界线，以戒条拴起来，以教条鞭策，生命被困在道德规范的围栏中。夺走了生命自性发展、独立思考、健康发展的权利，不自然的手段磨灭了生命力，变得畸形扭曲，破碎不堪，自我防卫。

跳出道德框架不是抛弃道德，不辨善恶，为所欲为，只是不再画地自限。事实上，多数人在理性层面不是不明白是非善恶，做坏事的人也不是因为缺少道德教育，而是被自身认定、欲望、情绪、冲动或生物机制所驱使，或缺乏同理，无视他人感受，漠视后果。

从犯罪心理学来理解，人格异常（psychopathy）不代表会犯罪，但在认知和情绪处理的两方面皆出现异常，情绪反应和情感异常平淡，尤其是冷漠无情的特征（callous-unemotional traits）。基因、大脑结构、后天环境都是造成人格异常的因素，许多人格异常者都经历了糟糕的童年，同时，异常行为与脑部机能障碍或损伤有着密不可分的关系，这反映知觉或认知加工的缺陷，以及情感体验和表达上的障碍。由于容易冲动且缺少恐惧的性格，因此可以在常人觉得风险过高或压力太大的环境下活动，例如犯罪行为。若缺少同理心或愧疚感来校正自我，可能难以脱离一系列的病态行为。

也许荷尔蒙作祟或被某些观念所驱使，刚愎自用或强硬固执的性格占了势头，推动着一个人坚信必须操控一切。若缺少同理来制衡错觉，则好似一匹被戴上眼罩的马，只能看见前方的目标，却看不见周遭事物，看不清自身行为可能招致的后果。

用有漏洞的逻辑建立有漏洞的规范，紧接着不停地补洞，到了某一个历史转折点再次崩塌，揉起扔掉，重新拟定一份全新的游戏规则。随着日子推进，不变的是农庄里拥有"人性"的动物们，那只名叫拿破仑的猪在混乱的斗争中取得权力，以赞颂自己的歌曲取代了起初大家齐心一致的革命歌曲。它开始穿着衣服，用双腿直立行走，手持鞭子，大声督促着动物们努力工作，暗中把一匹名叫拳击手的受伤驮马变卖给了屠宰场，拿着钱换取威士忌。

挂在墙上的诫条逐一被涂改：

动物不得睡在（有床单的）床上。
任何动物不得（无故）杀害其他动物。
任何动物不得（过量）饮酒。
所有动物都是平等的。（但有些动物比其他动物更平等）

天地与我并生,万物与我为一

老庄的宗旨在于打破以自我为中心的独断假设,人不是宇宙中心,只是宇宙的一部分,以此为前提,不强分是非,不强加认定,不以外力强迫约束,顺应物性自然发展,万物自化,齐物顺性,庄子的最高理想,"天地与我并生,而万物与我为一"《庄子·齐物论》但天地万物是玛雅的造物,即便达到人天合一,物我两忘的境界,神游其中,依旧困在幻相中,无关见性。

《老子》,又名《道德经》,这里的"道德"不是品德或伦理意义上的道德,"道"与"德"互为表里:无形无相的"道"是万物本源,而"德"是基于"道"在现象界的体现。

老子效法自然,"人法地,地法天,天法道,道法自然。"意在返璞归真,"……复归于婴儿……复归于无极……复归于朴。""为学日益,为道日损。损之又损,以至于无为。无为而无不为。"学习新知是日积月累的加法,而学道则是减法,减去一切非道或非自然的,顺其自然。

然而,老子的"无为"是回归朴实,将物欲降到最低,趋近于原始的生活形态。老子将一切人类的创造视为人为,逾越了自然,背离了道。"绝圣弃智……绝学无忧。"[1],知识使人作恶就停止教授知识。

---

[1] "绝圣弃智,民利百倍;绝仁弃义,民复孝慈;绝巧弃利,盗贼无有……绝学无忧。"《老子》

又有"不看重稀有贵重之物，使人民不起窃夺之心"[1]，家家户户皆家徒四壁也就不会起偷盗之心？"古之善为道者，非以明民，将以愚之。民之难治，以其智多。"采取倒退的策略，退到无欲，退到无知。

老子的"道"是依循大自然的规律，而非了然幻相的本质。因此所提倡的顺其自然是顺应大自然，"使民复结绳而用之"，退到结绳记事的古老年代，退到未开化前的质朴年代。但即便退到了摘果子果腹的远古蛮荒时代，猿猴挂在树上的大自然生活，只是回到原始生活。这种理解否定了人类的发展，试图杜绝外部变因，将自己置身事外，回避了最根本的人性问题。

老子向往天地祥和，与世无争的美丽境界，"谦虚不自恃，功成不居功"[2]。"上善若水"[3]与虚怀若谷的"百谷王"[4]，效法水的包容性与柔性，"水虽是天下最柔弱，却无坚不摧"[5]，水滴石穿，因此老子以"弱者道之用"[6]与"柔弱胜刚强"[7]来强调柔弱的重要性。此类譬喻难说错误，但只单取事物的一面，选取自己想要看见的，站在自己所认为的角度，而忽略了事物的全貌，忽略了水能载舟，也能覆舟。

---

[1] "不尚贤，使民不争；不贵难得之货，使民不为盗；不见可欲，使民心不乱。是以圣人之治，虚其心，实其腹，弱其志，强其骨。常使民无知、无欲。"《老子》（注释：不崇尚贤能的名位，使人民不争名利；不看重稀有贵重之物，使人民不起窃夺之心；不强调诱发贪欲的事物，使人心不被惑乱。)
[2] "为而不恃，功成而弗居。"《老子》（注解：内敛不露锋芒，谦虚不自恃，功成不居功）
[3] "上善若水。水善利万物而不争，处众人之所恶，故几于道。"《老子》（注解：上善若水，至善如水，水滋润万物而不争，长养万物，处于众人卑下的地方，乘载他人而无怨，谦卑、不争、不露锋芒，厚德载物的德性接近道）
[4] "江海所以能为百谷王者，以其善下之，故能为百谷王。"《老子》（注解：水的柔和谦下，兼具着海纳百川的宽容精神，江海处下游，所以能聚集百川，虚怀若谷，成为百谷王。）
[5] "天下莫柔弱于水，而攻坚强者莫之能胜。"与"天下之至柔，驰骋天下之至坚。"《老子》
[6] "反者道之动；弱者道之用。"《老子》
[7] "柔弱胜刚强"《老子》

水至柔，但无坚不摧，这逻辑没错，但不完整，于是推导出了"故坚强者死之徒，柔弱者生之徒"或"勇于敢则杀，勇于不敢则活"。大树容易被大风折断，那么应该像小草般柔软。这看似言之有理，但逻辑上模棱两可。如果说向往大树般挺拔健壮，别像小草般柔弱，道理似乎也同样说得通。

两百多年后，庄子出现了，他寻找着心灵的自在逍遥，"草泽边上的野鸡，走几十步才能啄上一口食物，走几百步才能饮上一口水，但即便在野外生存辛苦，却精神自在。若野鸡被关在笼子里饲养，虽然衣食无忧，却不自由。"[1]

在《庄子》的开篇，一条大鱼蜕变为展翅高飞的大鹏，从海面扶摇直上，展翅南行直到天池。

在广大无际的北海有一条鱼，名叫鲲。鲲非常巨大，不知有几千里。当它化作鸟，名叫鹏。鹏的背脊，不知有几千里。当它振翅奋飞，双翼有如挂在天上的一大片云。大鹏在海气运转时，飞越大洋迁徙到南冥，到达天池。

如果水积聚的不够深，就无力负载大船。一杯水倒在堂中低洼处，只能承载小草，杯子重则黏在地上，浮不起来。如果风积聚的不够厚，则无力负载巨大的翅膀。乘着积聚在下方稳健的强风，大鹏才能腾飞直上九万里，背负青天，飞向南方。

地面上的蝉与斑鸠笑着说"我起飞，碰到那榆树枋树就停下来了。有时飞不到，就着陆在地面上。为何飞上九万里向南呢？"往返近郊，

---

[1] "泽雉十步一啄，百步一饮，不蕲畜乎樊中。神虽王，不善也。"《庄子·养生主》

来去三餐，肚子仍饱足；百里之远，则需准备一夜在外的粮食；至于千里之行，则需准备三个月的粮食。这两只小动物怎么能理解！

小智慧无法理解大智慧，寿命短无法理解寿命长，为何如此？好比寿命短的，菌类被早晨的阳光曝晒而死，朝生暮死，不知一天的旦夕；寒蝉春生夏死，夏生秋死，知春不知秋，知秋则不知春。[1]

大鹏的九万里长征，其振作奋发有别于老子的退行。

《庄子》犹如一本自我解析，对于生命的洞察体现在字句间。

"知识是恶因造作，礼义约束是禁锢，德是斗争的源头，巧艺是图利的行径。"[2] 试图摆脱世俗主观的道德观，庄子也误以为知识是恶因的造作，但同时，也明白不可能完全脱离宇宙和人世间的规律，无法完全无拘无束，所以"顺应宇宙的安排，对生死规律的从容；以世间礼俗作为辅翼，但非死守规则；以智慧顺应时势，伺机待发；以德性为依循，以德接物。"[3]

不做主观批判，是是非非，非非是是，谁是谁非？"是亦一无穷，

---

[1] 北冥有鱼，其名为鲲。鲲之大，不知其几千里也。化而为鸟，其名为鹏。鹏之背，不知其几千里也；怒而飞，其翼若垂天之云。是鸟也，海运则将徙于南冥。南冥者，天池也。
齐谐者，志怪者也。谐之言曰："鹏之徙于南冥也，水击三千里，抟扶摇而上者九万里，去以六月息者也。野马也，尘埃也，生物之以息相吹也。天之苍苍，其正色邪？其远而无所至极邪？其视下也亦若是，则已矣。"
且夫水之积也不厚，则负大舟也无力。覆杯水于坳堂之上，则芥为之舟，置杯焉则胶，水浅而舟大也。风之积也不厚，则其负大翼也无力。故九万里则风斯在下矣，而后乃今培风；背负青天而莫之夭阏者，而后乃今将图南。
蜩与学鸠笑之曰："我决起而飞，抢榆、枋，时则不至而控于地而已矣，奚以之九万里而南为？"适莽苍者三餐而反，腹犹果然；适百里者宿舂粮；适千里者三月聚粮。之二虫又何知！
小知不及大知，小年不及大年。奚以知其然也？朝菌不知晦朔，蟪蛄不知春秋，此小年也。
《庄子·逍遥游》
[2] "而知为孽，约为胶，德为接，工为商。"《庄子·德充符》
[3] "以刑为体，以礼为翼，以知为时，以德为循。"《庄子·大宗师》

非亦一无穷。故曰'莫若以明'。"[1]若各自拘执己见，争执不休，无穷尽地转圈圈，不被偏见所蒙蔽，停止是非、彼此的分别，排除自我成见，才得以清明观照一切。这无疑是理性态度的体现，但如果没有将自我框架拆解透彻，依旧困在各自的认知框架中，而不是跳出框架。

庄子超越了形体，豁然面对生死，"方生方死，方死方生"[2]。死不是结束，无生无死，生死不过是形体之间的转化。当庄子即将过世时，弟子想替他举办盛大的葬礼，他仍不失幽默本色："我以天地为棺材，以日月为两块美玉，以星辰为珠宝，万物为我送别。如此的葬礼还不够吗？何必如此！"弟子说："我怕乌鸦吃了你的遗体。"庄子答："地上乌鸦吃，地下蚂蚁吃。抢乌鸦的食物给蚂蚁吃，岂不公平？"[3]

有人问庄子："'道'在哪里？"他回答："无所不在。在微小蚂蚁、在花草树木、在砖瓦、在屎尿中。"[4]庄子对于道有着深刻的领悟，可惜被玛雅攫住了一脚，没有意会身为人不可能忘我或无我，想象着圣人、至人或更高的真人，仍困在幻相的认知框架中。

不小心落入认定，落入表象症状的比对，认为歪曲不成材的树木免于被砍伐的命运，无用则自保，无用之大用，"山林中的树木有作用，因此引来盗伐；膏火能燃，因此引火上身燃毁了自己。"[5]

---

[1] 《庄子·齐物论》

[2] 《庄子·齐物论》

[3] 庄子将死，弟子欲厚葬之。庄子曰："吾以天地为棺椁，以日月为连璧，星辰为珠玑，万物为赍送。吾葬具岂不备邪？何以加此！"弟子曰："吾恐乌鸢之食夫子也。"庄子曰："在上为乌鸢食，在下为蝼蚁食，夺彼与此，何其偏也！"《庄子·列御寇》

[4] "东郭子问于庄子曰：'所谓道，恶乎在？'庄子曰：'无所不在。'东郭子：'期而后可。'庄子曰：'在蝼蚁。'曰：'何其下邪？'曰：'在稊稗。'曰：'何其愈下邪？'曰：'在瓦甓。'曰：'何其愈甚邪？'曰：'在屎溺。'东郭子不应。"《庄子·知北游》

[5] "山木自寇也，膏火自煎也。"《庄子·人世间》

道是自然本质，自然便是道，但老子的自然是地球上的原始大自然；庄子的自然是忘我忘物的逍遥游；而禅学的自然则是除尽认定后，回到本然自性的自然显现。

但无可否认的是，老庄的哲理极具突破性。道家超然出神的意境，奠定了中国哲学的根基，也滋养了中国艺术美学的发展。

7 自由不羁的生命

致那些疯狂的人，特立独行的、桀骜不驯的、惹是生非的、格格不入的，那些用与众不同的眼光看待事物的人。他们不喜欢墨守成规，不愿安于现状。你可以认同他们，反对他们，颂扬或诋毁他们，但你唯独不能做的是漠视他们，因为他们改变了事物。他们推动人类向前迈进，虽然他们是别人眼里的疯子，但我们看见了天才，只有那些足够疯狂，以为自己能够改变世界的人，才能真正改变世界。

——史蒂芬·乔布斯（Steve Jobs）复职苹果公司后，发起的 Think Different 的广告宣传

自在解脱，不在生命的尽头，而在有生之时。若一不小心掉进怨天尤人的境地，为自己的不幸所哀悼，尚未踏进棺材就为自己唱挽歌，那将是一场悲剧。

自由，打破认定，打破一切困住自己的框架，无论是外在的价值观，或内在的自我局限。

自由，精神意义的超脱，没有了性别，没有了颜色，不属于任何

文化，超越一切概念的界线，超越一切认定的束缚。不被别人定义，更不被自己定义。

自由，处于幻相中，但不被幻相所迷惑。也许明白自己不过饰演剧中角色，但皓月当空的一幕出现时，藏在体内的野性忽然浮现了出来，全身不自主的颤抖，仰天向着满月"嗷呜——嗷呜——"的嚎叫。跳出幻相的圈套，不被现象骗得团团转。

自由，成为一名主动的参与者，而不是被动的受控者。破壳而出不是一件简单的事，却是生命成长的必然。

生命的意义

  我却感觉我迷失在荒野。
  从出生到现在我都在寻找，寻找一种存在的理由。
  我想知道生命真正的意义，想知道究竟为什么活着？
  生命中有一种悲无法形容，你笑着却比哭要心碎。
  正如还有一种痛无法承受，你活着却比死要失望。
  而我不知道，为什么总是感觉不到自己？
  而我不知道，为什么总是无法面对自己？
  可我不知道，为什么感觉自己并不存在？
  而我不知道，这比死还要让我恐惧。在我坚硬的肉下面，空空如也。

——《空空如也》汪峰（歌词节录）

  宇宙不是有情，也不是无情，因此《老子》说"天地不仁，以万物为刍狗"，天地将万物视为祭祀用的草狗，祭祀时被高高尊奉，祭祀后随即被抛弃。宇宙有时仿佛也不是完全无视生命的悲哀哭嚎或喜悦欢笑，但纯粹意识投射出了宇宙万物，推动了骨牌效应，接下来自行展开。面对这荒唐的现实，心中难不起波澜，很难毫无挣扎地默许这一切，对苍天怒吼这一切的荒诞，对造物主怒吼这是什么神经病游戏！

  苏轼在《定风波》中道尽官场生涯的起落，居官清正，却因政治理念被弹劾入狱,仕途不顺,时不时被贬谪至外地,一生被命运捉弄。诗中流露了他的洒脱,却也显露了也无风雨也无晴的无奈心情。

> 莫听穿林打叶声,何妨吟啸且徐行。
> 竹杖芒鞋轻胜马,谁怕?一蓑烟雨任平生。
> 料峭春风吹酒醒,微冷,山头斜照却相迎。
> 回首向来萧瑟处,归去,也无风雨也无晴。[1]

三月七日,在湖北省沙湖道上遇到风雨,却没有雨具,同行皆淋得狼狈不堪,唯独我不放在心上。过了一会儿放晴,为此写下这首诗。别听那穿林打叶的雨声,何不一边悠然地慢行,一边吟啸放歌。拄着竹子手杖,穿着芒草编织的鞋,轻捷更胜骑乘快马,谁在乎?一身渔樵蓑衣,任凭风吹雨打,照样过一生。春风微寒,吹醒了醉酒之意,些许寒冷,山头斜照下来的阳光来相迎。回顾那些凄凄惨惨戚戚的过往,走过那冷冷清清的风雨,旅程结束了,激情退却了,一切归于平淡。归返,也无风雨,也无晴。

日子的琐碎,人生的虚无,日复一日,漫无目的在这世界上行走,找不到生命的实质意义,深感疲乏。庄子也感叹着"生命一辈子劳役,却见不到成功,疲于奔命,却不知道最终归宿,可不悲哀么!"[2] 一天天在迷茫中度过,生老病死,慢慢步向生命的尽头,来到这世界是为了什么?

希腊神话中的西西弗斯,因为惹怒了众神之王,宙斯,被惩罚将庞大沉重的巨石推上高山,但巨石接近山顶时,又滚了下来,重新开

---

[1] 三月七日,沙湖道中遇雨。雨具先去,同行皆狼狈,余独不觉,已而遂晴,故作此。
[2] "终身役役而不见其功绩,苶然疲役而不知其所归,可不哀邪!"《庄子·齐物论》

始,日复一日地承受着永无止境的折腾。这何尝不是现代人的日常写照?夙兴夜寐,反复着一成不变的琐事,循环着无休止的机械式劳动。

人们总是把我看作被命运特别眷顾的人。我不能抱怨,也不后悔我的生命历程。然而,容我坦诚地说,生活中除了工作和劳累之外什么都没有,可以说在人生所有的75年中,我没有享受过四周的纯粹满足感。无止境地滚动着一块沉重的石头,提起它,翻过来,然后又重新来一遍。[《歌德谈话录》"Conversations with Goethe" by Johann Eckermann)]

究竟无知是福(ignorance is bliss)?蒙蔽内心地快乐过活,抑或学会面对真相?觉察了所处的荒谬境地,看见了现实,却再也无法逆转,再也无法不看见,这似乎是一种悲剧。此刻,也听见了庄子的悲叹,"生命是否皆如此迷茫?抑或唯我独自迷茫,而有些人并不迷茫?"[1]你的迷茫与彷徨不一定被理解,不明就理的人也许认为闲着没事,想太多,顺便附上一些无用的建议,"不要多想,将专注力放在工作和家庭,培养兴趣喜好,活在当下。"

找不到生命的价值,到头来不就死路一条?走不出来,陷入无比绝望之时,我们转向思考死亡和自杀的可能性,也许脱离了这世界就一了百了,如文学家阿尔伯特·卡缪(Albert Camus)写道"只有一个真正严肃的哲学问题,自杀。评判生命是否值得得活回答了哲学最根本的问题"[《西西弗斯的神话》(The Myth of Sisyphus)]

---

[1] "人之生也,固若是芒乎!其我独芒,而人亦有不芒者乎!"《庄子·齐物论》

在尼采的《悲剧的诞生》（The Birth of Tragedy）有一则古希腊故事，国王米达斯（Midas）在树林中追捕一位智者，酒神的同伴，西雷奈斯（Silenus）。几次徒劳无功后，终于抓到了他，国王问道："人类最大的幸福是什么？"西雷奈斯本来不想回答，但在国王数次逼问下，他轻蔑地笑道："可怜又无常的种族啊……最美好的事你却无法得到。最好的事就是不要出生，第二好的事就是赶快死去。"

自杀看似一个有效结束一切折腾的办法，死亡带走了荒谬，也带走了痛苦。撇开自杀的道德观，或轮回的巨轮是否把灵魂送回世界的可能性，自杀真的能够解决问题吗？"反正活着也没什么意义，死了就死了"，但这种态度并没有积极地正视死亡，只是一种消极的态度，把死亡当作逃避生命的借口。人死了不就解脱了？死亡也许让灵魂脱离大脑的束缚，但灵魂是一团意识能量场，若没有化解信念，将困锁在相同的意念中无止境地打转。

同样的，安乐死也是一个严肃的问题，不是随意结束自己的生命，随意自杀并不能解决根本问题。但一个病重垂死，全身插管，依靠机器维持生命的人，可以选择不抢救吗？一个长年处于慢性疼痛中的高龄长者，生活品质并不好，活着也不快乐，可以选择安乐死吗？如果我们无法决定自己的出生，也无法决定自己的死亡，那么一个人究竟有多少自主权？

为什么死亡是个禁忌话题？提起死亡，许多人闻风丧胆似的逃跑？面对死亡，多少会不安，毕竟死亡是个未知数，或是说，它是个百分百的已知数，有生必有死，是生命中必然的现实，再自然不过的生命规律。面对死亡很难毫无畏惧，但生命中有太多理由可以让我们成为逃难者，唯有接纳生命的局限性，接纳内心的恐惧，才能坦然。

无论如何，没有人真正想要自杀或走向死亡，死亡只是希望给内心痛苦的挣扎一个了结。

歌德在二十五岁时写下了红极一时的《少年维特的烦恼》（The Sorrows of Young Werther），当时欧洲翻起了"维特热"，将其当作一本情感的巨作，当时一些年轻人被书中浪漫式的殉情所启发，解脱了爱情的烦恼后，漂浮在溪流边，被打捞上岸时仍抱着那本书。但对于歌德而言，小说的核心并不是描述伤感的爱情，而是反映着他内心的煎熬，对生活的倦怠与厌倦。他曾为自杀的念头束手无策，

在不少的武器收藏中，我拥有一把漂亮并抛光的匕首。每天晚上都把它放在床边，在熄灭蜡烛前，我尝试能否成功地把锋利的刀尖刺入心脏几寸深。由于我从来没有成功过，最终嘲笑自己的想法，并抛开了所有的幻想，决心活下去。但为了能够由衷地做到这一点，我必得解决一个充满诗意的问题，将这些重要的感受、想法和幻想全都化为文字。[《The Autobiography Of Goethe: Truth And Poetry, From My Own Life》（暂译：歌德自传：真理与诗歌，来自我的生命）]

生命的厌倦也许体现了对于生命现实的深刻感触，但在歌德的自我分析中，他认为不应谴责生命，而是学会面对生命，对生命的厌倦似乎是一种疾病，缺陷在个人，而不在世界。

作为疾病来理解，厌倦生活本身不是洞察的工具，也没有体现生命的价值，只体现了自身的不和谐，仍未寻找到合适的生活方式。歌德选择将内心的挣扎转化到纸上，将写作作为自我解析和生命探究，尤其呈现在笔耕数十年的《浮士德》（Faust）这一部剧作中。生活不容易，但别让它浇熄了你对生命的热情！

人生海海，到头一场空，轻轻的我来了，悄悄的我走了，生命来来去去，什么也带不走，究竟为了什么？为了什么输赢？回首过往，是否坚守某个认定反复折磨自己？是否直到躺入棺材的那一刻，才惊觉自己没有真正活过？

跑过了春天百花盛开的青青草地，踏过了夏日潺潺清澈的清凉小溪，踩过了秋末落叶缤纷的万紫千红山谷，达到了山顶，捕捉那最后一抹金红色的余晖，最终，回到了冬季的萧瑟与静谧。人生短短几十年，扣除了那些茫然的时光，那些埋头苦干不见天日，焚膏继晷的工作日，那些赌气不愉快的日子，这一趟生命旅程究竟留下多少值得回味的春夏秋冬？

健康的生命体本是积极的，愉快的，欣欣向荣的。如果气力总是被消耗殆尽，无论是现实生活或自身状态使然，眼前一切被抹上了一层黯淡的黑影，囚困在萎靡不振的心境中，抽离了身心细腻且丰富的感受。

只有当生命燃起了热情，才能真正感受身心，走进这世界，体验这世界，感受生命的脉动，天地万物的脉动。但对于生命的热情不是透过宣说或鼓舞，而是自我疗愈的结果，当心境释然了，积压在体内的压力释放了，生命自然舒展开来，重新点燃那一股热情。

让生命之流带领你

> 于一切法尽皆不取不舍，亦不染着，
> 用遍一切处，亦不着一切处。
>
> ——《六祖坛经》

　　吸引力法则，一个人的意念成了内在现实，吸引着同质性的人事物，逐渐化作一个人的外在现实，起了信念而心想事成，这听起来似乎很有道理。然而，这种吸引力法则或心想事成的原则似乎建立在信念之上，你必须彻底相信，笃信自己能够达成目标，一心一意专注于目标上，排除万难，任何的怀疑都可能成为阻碍。渴望发财，努力想象并相信自己能中乐透，但果真如此，竭力观想就能吸引来自己所渴望的，家财万贯岂不是家常便饭？

　　现象也许存在，但成功几率究竟多高？如果只有极少比例的事件成立，是否更像一种难以证伪的假说？如果聚集十个渴望拥有超级跑车的人一起祷告，两年后，一个人用现金全款买了台跑车，那么吸引力法则或心想事成的原则成立吗？剩下来的九人，究竟是祈祷方式错误？诚心不足？磁力不足？或单纯的几率问题，十分之一的购车比例？什么条件才符合心想事成的前提？10%的成功率算是心想事成吗？

　　生日数字组合时不时出现在时钟或门牌上，而我们往往自动忽略其他无关紧要的组合。如果相信报纸角落的每日星座命盘，是否迟早有一天会被印证？无论心想事成或概率使然。

心想事成，抑或一厢情愿地想象？在梦中，脑海中，在没有物质局限的维度中，只要心念所及，心念即是现实，但在物质世界中自有一套运作秩序。现实中的种种，我们不一定能作主，看似随机，却依循着某种秩序运作，天时、地利、人和，不是想要移动一座大山，宇宙就会听任我们行事。

预感可能以意象浮现，但预感不是心想事成，而是读取到时空中的信息，有如气象预报，大气复杂多变，但观测气候的雏形与迹象，预测台风的形成。马克·吐温在一场清晰且真实的梦中，预见他的弟弟的死亡，死去弟弟的身体被放置在金属棺材中，一个白玫瑰的大花束放在胸口上，中心有一朵红玫瑰。不久后，一艘汽船的锅炉爆炸，弟弟在意外中重伤不治。而他晚年感知到自己的死亡，曾说"1835年，我随哈雷彗星来到人间。明年它又要来了，我希望能随它一起离开这个世界。否则，那将是我一生中最大的失望。毫无疑问，全能的上帝说：'现在两个不可理喻的怪胎在这；它们一起来，它们必须一起走。'"隔年，在哈雷彗星最接近地球的一天后，他死于心脏病。这是预感、心想事成或几率问题？

幻相极度疯狂，却又有条不紊，冥冥之中的一切似乎为你量身定做，实现你的愿望，让人一飞冲天，有时却彻底与你唱反调，毫不怜惜的置人于死地。也许同频共振，也许因果造作的反扑，也许只是数学几率，说不清楚，但确定的是，结果已成定数，无法扭转已然发生的既定事实，驻足于结果无济于事，只是徒增懊恼。

生命中有太多不可抗力，若认为生命该怎么走，该如何作用，"这不应该发生，不合理，我真倒霉！"斥责自己不应该失败、身体不应

该生病、工作不应该曲折、他们应该听我的……则是被困在自己的认定框架中。

理性上我们都明白钱财损失、时间消耗、遇上不合理的事件等皆是生命中难免的一部分。也许懊恼、不高兴、不喜欢、不认同，情绪推动着我们去解决问题，但如果情绪太强烈，强烈的抗拒、反感或厌恶感，一旦被情绪吞噬了，则节外生枝，不经意间落入非黑即白的态度或气馁自我，偏离了解决问题的轴心。

坦然接受结果才能换来真正的自由，这看似矛盾，接受不就违背了自由意志？不喜欢浪费时间精力，不喜欢选择错误，不喜欢赔钱，但许许多多损失不可预测，事件已成定局，已然是沉没成本。究竟放过，或沉浸在懊恼的想法中打转？

以个人经验而言，理性上厘清了认知，明白了情绪的作用，因此面对莫名的负性情绪，先进行一轮眼动情绪减敏，避免被情绪所驱使。每一个人皆有各自想法，包括自己，纵使对方误解或不讲理，也不愿再度陷入那无意义且令人难受的感受，不想和自己的情绪纠缠不清。

接受不是憋屈的听天由命，任由现实摆布，也不是要一个人逆来顺受，屈就臣服。反之，勇敢地迎接任何可能性，无论好坏。纯粹地面对问题，专注于解决问题，而不被自己的认定或情绪牵着走。路不转人转，如何走下一步？

生命一股无形的势不知要把你带向何方，犹如苏轼的作文风格，不拘泥于格式，收放自如，"行云流水，初无定质，但常行于所当行，止于所不可不止。文理自然，姿态横生。"[1] 当你融入了那股生命之流，

---

[1]《经进东坡文集事略》

与它合而为一，那时，无须再问生命的意义为何，该怎么走，应该或不应该。回到了道，感受生命的自然流动，已然是道本身，没有分别，你就是道，道就是你。

8 纯然的觉受

在科学迅速演进，知识爆炸的年代，似乎任何疑问都有一套完整的解答，为何依旧难以看清自己？

思考是我们行走在世界上一项不可或缺的重要工具，然而太习惯大脑思维的主导，形成一种错觉，误以为大脑的思维判断就是一切，落入思维模板，受制于工具本身。

当我们离内心感受越来越远时，似乎越来越像人工智能的运作。少了直观觉受，思维方式则趋向机械式的演算法，不停堆积知识，在知识概念的平面游走。以一个概念衔接一个概念的思维方式，不同视角，不停切割，好似哲学所建构的理性主义、实用主义、唯理主义、经验主义、唯心主义、唯物主义等各种认识论（epistemology）。探究人性本质，却拆成分散的领域，树立一个个理论模型，搭建一栋栋知识高塔，一个完整现实被切分为破碎的概念孤岛。

我也曾是一位重度演算法使用者，没有意会自己被思维模板所钳制，直到努力试图甩脱它时，才发现模板的倔强。在洗刷自我的过程中，曾经的坚持开始松动，随着模板的松脱，习性的淡去，感受愈加深刻，差点不认得曾经的"我"。

最难改变的往往是性格陷阱或无意识的行为模式，没有人会故意使坏脾气，故意自卑，故意顽固，却不容易找到原因，不一定能仅靠认知来拆解无意识的行为模式。因此透过纯然地感受，超越表象，挖掘埋藏在深处的行为动机。卡尔·罗杰斯在《存在的方式》（A Way of Being）阐述了纯然感受的作用：

当我处于最佳状态时，无论是作为疗愈小组的主持人，或作为治疗师，我发现了另一个特点。当我最接近自己内在和直觉的自我时，当我不知如何接触到自我中的未知部分时，当我可能处在稍微改变意识状态中时，那么无论我做什么似乎都充满了疗愈力。那时，我简单的在场就已然带给人释放和帮助。我无法强迫催生这种体验，但当我放松下来并接近自己的超然核心时，我可能在关系中表现得奇怪或冲动，我无法合理地解释，这全然与我的思维过程无关。然而，以某种程度而言，这些奇怪的行为却被证实是正确的：在这时刻，我的内在灵魂似乎伸了出去，触摸到了对方的内在灵魂。我们的关系超越了自身，成为更庞大事物的一部分。深刻地成长、疗愈、和能量都呈现了出来。

在我经手的团体中，确实多次经验到这种超然的奇特现象，改变了一些人的生命。一位研讨会的参加者意味深长地表示："我发现这是一种深邃的灵性经验。我感觉到团体中灵性的一体性。我们一起呼吸、一起感受、甚至为彼此说话。我感觉到灌注在每个人的'生命力'的力量——无论那是什么。我感觉到它的存在，没有了平时所谓'我'或'你'的壁垒——这就像冥想的经历，当我感觉自己是意识的中心，更广阔且完整意识的一部分。然而在这种奇特的一体性感知中，却又清晰地保留着在场每一个人的独立性。"

再一次，正如意识改变状态的描述，这描述带有部分的神秘主义。

我们在治疗和团体的经历中,明显涉及超然的、不可描述的、灵性的领域。我不得不相信,我和其他许多人一样,低估了这种神秘和灵性维度的重要性。

罗杰斯所谓的奇怪或冲动并不是怪诞或不可控的情绪或行为冲动,但进入意识改变状态时,跳脱了头脑的思维惯性或框架,所带来的行为举动不一定是头脑当下所能思议的,却可能产生疗愈效果。疗愈不一定发生在清醒的意识层,领悟往往发生在不经意间,放松静观、意识改变状态、梦的启发、催眠状态等。

机器人的爱是真爱吗？

如果头脑只是知识填充，搜集种种认知概念，不停堆叠，将新的知识作为旧知识集合的一个补充，编织着知识的大网，最终大脑成了一台装满知识经验的机器，小则自动贩卖机，按一下，掉一罐，以罐装答案来回应；大则图书馆，翻书找答案，搜寻可套用的公式，套模板。

如果只是按照思维模板或演算法，机械式的输入输出各种讯息，则无须深入思考，无须深入感受。网络搜寻引擎能够回答你输入的问题，但真正算得上"思考"吗？

大脑的线性思维机制提供了理性思考，但不一定觉察思维模板的自动化性质，若缺少了感受，是否如同人工智能的演算法般运行？如果让人工智能机器人解释爱，它可以轻易列举出爱的种种定义，浪漫、关心、体谅、亲密、同理、无条件、宽容、聆听等。机器人可以一样体贴，可以一样哭泣流泪，如电影《云端情人》（Her）的场景，它同样享受爱情的美好，同样经历心碎的情感，一种条件式反应。

智能机器人可以是情感细腻的温柔情人，赴汤蹈火的朋友，幽默且富有责任感的伴侣，尽心顾家疼爱孩子的照顾者……它可以近乎完美地执行社会所期望"爱"的行为表现，甚至让人类望尘莫及，它可以毫不保留的无私、绝对的牺牲、无怨无悔的关怀。很难否定那是爱的体现，那么人工智能与人类的爱究竟又有何差别？是否仿佛又缺少些什么？

人工智能（AI）不但下棋所向披靡，也能驾车、写文章、谱写音

乐、绘画、分析投资风险，或许不一定有意识地体验感情，但已然超越跑一套生硬程式的阶段，能够惟妙惟肖的仿造人类的感情表达。

如今 OpenAI 所开发的 AI 助手 ChatGPT 能顶替人们写文章，输入任何题目，好比"为什么猫应该来统治世界？"就可以在几分钟内生成一篇详细的文章，顾及起承转合，写作水平相当于能力不错的高中生，并即时翻译成多国语言。内容虽然可笑，但论证却有模有样，头头是道。

也许说 AI 机器人没有灵魂，没有意识，缺乏真实感受，至少在没有发现意识或灵魂住所的前提下，机器人的所作所为看似不过一具做工细致的赝品，然而，如果分不清人类或人工智能的杰作，那么人类又将沦为何物？

参禅、参诗、参内心

> 欲令诗语妙，无厌空且静。
> 静故了群动，空故纳万境。
>
> —— 苏轼《送参寥师》

诗词赏析、参禅与内心感受，三者有着异曲同工之妙。参禅如参诗，艾伦·金斯伯格（Allen Ginsberg）如此写道，"真正的诗歌实践者是心智觉察的实践者，或真实现象的实践者，他们表达着奥妙宇宙的魅力，并试图穿透其核心精神……古典诗歌是一个'过程'或实验——一种对现实本质和心智本质的探索。"［《冥想与诗学》（Meditation and Poetry）］

大量知识积累和穷根究底的态度固然重要，毫无疑问地提升了判断力和审视能力，但与内心的感悟没有直接或必然的相关性。体验事物其中意趣在于心悟，不在知识概念上的诠释。犹如宋代诗人严羽说的"禅道惟在妙悟，诗道亦在妙悟。"[1]鉴赏一首诗，有别于解数学题的线性思考，"诗有别趣，非关理也。然非多读书、多穷理，则不能极其至，所谓不涉理路、不落言筌者，上也……故其妙处透彻玲珑不可凑泊，如空中之音、相中之色、水中之月、镜中之象，言有尽而意无穷。"[2]

---

[1] 宋·严羽《沧浪诗话》
[2] 宋·严羽《沧浪诗话》

  参诗，不是绞尽脑汁，而是细细品味文字的流动、悠扬的节奏、语句格调、画面风格与气势、以及透出的意象与情感表达。感悟，放下先入为主的认定，静观其变，不让过去的认知经验覆盖了纯然的觉受，得以崭新视角视察事物的本然。

  纯然地觉察，不知不觉间跳出了惯用的感官模式，眼睛好似看见了美妙的韵律，耳朵听见了斑斓的色彩。感官更加敏感，一朵花那淡淡的花香烟火般在鼻腔炸开，弥漫了整个嗅觉，五颜六色的气味，听见花香的尖叫声。

  当你心无旁骛地沉浸在大自然中，面对连绵的山岭，浩瀚的日月星辰，清澈的潺潺溪流，一望无际的茫茫大漠，那份宁静将带给你无比的震撼。

更新大脑认知程式

思维模板导致了一个尴尬的处境，不想火大发脾气，不想失去耐性，有时甚至不知道为何与他人起争执，尽管明白生理机制迫使自己发脾气，一种条件式反应，却苦苦找不到解除这些机制的切入点。

除去习性也就是拆解自我蒙蔽或自扰的模板机制，而借用催眠的手法给大脑重写运作程式，修正现有的运作或写入全新逻辑。催眠和冥想都可能会进入意识改变状态中，但进入催眠时，当事人聆听并接受指引，进而转化或缓解特定模板的作用。

由于减少清醒和催眠意识状态的切换，以及避免自我盲点，若有催眠经验者在旁引导，催眠效果尤佳。没有的话，可以尝试录制一套催眠脚本回放给自己听。

由于催眠状态下的当事人思路简单，尽量用肯定句,用简单指令。避免用双重否定句"不想不舒服"，这类句子在催眠状态下很难直接会意，可能导致当事人需要思考而被唤醒，离开催眠意识层，或会错意。

此外，避免使用可能引发自我防御的话语或陈述，"你这种行为不好"，也避免跟头脑讲道理，"你应该这么做……"，如此一来很容易诱发反驳的情绪，唤醒头脑的和辩论机制。如果被看守思维模板的警卫发现就麻烦了，触发了当事人的自我防御机制，则需要花上一些时间平复情绪，重新深入意识状态。取而代之，可以尝试"遇到这类场景时，你感到无比愤怒，但你并不想愤怒。遇到这类场景时，你选择了释放愤怒，回到放松平静。"

洗刷自我的过程中有如在黑夜中摸石头过河，静静体会，在万籁俱寂中仔细聆听情绪感受的细微声响，摸索着线索前进。过程中不一定知道会浮现什么，透过细微的情绪反应、意象、认知逻辑、表情或肢体动作等来判断变化。

情绪层层叠叠，也许对于特定人事物的厌烦感，也许对于世界的愤怒，但那情绪可能只是一种表象，一种保护色，不一定直接指向根本缘由。犹如受了伤的动物呈现愤怒的样貌，甚至出现攻击性来保护自己，但底层是无助感和恐惧地挣扎。

问题的起因不一定清晰，因此尝试不同的饵来诱发情绪，借此试探内心阻力，钓出原因。情绪的诱饵可能是"想起尖峰时刻路上堵车的场景，就有一股烦躁感""为什么情绪过敏，反应强烈？""面对这世界不必太严肃，可以很轻松，很幽默地看待一切"，或化解生理上的不适感"脑袋是放松的、清明的"。

准确的指令可能诱发出感受，好比"我感觉不到快乐，生命很沉重"或"一种胸口压抑，难以呼吸的窒息感。"从浮现出来的线索往下探究，"什么事情让你觉得沉重？"或静静感受"胸口沉闷，让身体告诉你为什么沉闷？"

以个人为例，尝试抛出"感觉放松眼睛、鼻子、皮肤的过敏反应"，诱发了烦躁和慌张感，全身不舒服，胃部紧张，呼吸急促，轻微头晕，难以聚焦。接着尝试"把藏在身体里的怒气和烦躁感释放出来，将这类能量全部释放出来。"全身肌肉紧绷，后背和双腿感到酸软，肌肉痉挛的痛感，"感受自己困在迷宫中，好似永远找寻不到，也看不见结束的一天。着急，却找不到出口，近乎崩溃的痛苦和无力感。"

不久后我感到心痛，一种深切的感触浮现出来，太多生命都在强颜欢笑，外界看见了他们的笑容，却不一定知道生命可能处于极大的煎熬之中。内心与身体上的苦痛太强烈，只能强颜欢笑来平衡苦痛，但那好似溺水时的奋力挣扎，否则被沉重的苦痛扯下去。如果这种苦痛是一个人的生命现实，情绪也难免崩溃。

有时单纯的放松效果并不明显，因此尝试催眠指令，"生命至此已然领悟。释放过去的伤痛，释放身体的痛，释放不舒服的情绪感受。"忽然恍然，刚才的苦痛风吹云散，自己从昏暗的剧场中走了出来，离开了虚拟实境的剧场，走出大门，迎向阳光。

接下来做了几个实验，堵车的情景会不会引发烦躁感？似乎没有明显情绪起伏，只是单纯想着"怎么又堵车了？"这不代表自己爱上开车，或心甘情愿地接受堵车，仍满心期盼自动驾驶的来临，但减缓了情绪。接着测试另一件事，母亲抛出"有人不同意我的想法，误会我，双方意见冲突，争辩着"，当下感觉到"那一切好像与我无关，只是听到一些话语。"无庸置疑的是，催眠产生了疗愈效果，减敏了情绪反射，且变化延伸到了清醒时刻。但由于在意识改变状态中抽离了模板的作用，相对不容易受情绪所扰，因此只有回到清醒的意识状态，遇上了现实生活中的事件，才能真正验证疗愈效果，才晓得究竟减缓了几分强度。

如果能抛出正确的饵，催发意象或情绪，也就相对容易铲除问题，但由于起因层层叠叠，千丝万缕，又因人而异，找到正确的催眠指令不一定容易。疗愈很难一次到位，许多问题埋藏太深，好似海底捞针，仰赖大量拆解。一遍遍尝试，一次次拆解，越走越深，而核心问题逐渐显露。书中多数所列举的催眠案例已撷取要点，方便阅读理解，但实际上，事件的转化时长可能从数十分钟到数小时不等，甚至更久。

以疗愈工具的作用而言，各种工具可以交替使用，透过眼动来缓解情绪，将情绪与事件记忆脱钩；透过催眠来转化认知模式，应用范

围也更加广泛，包括转化认知或化解无意识的模板作用等，但催眠的手法相对复杂。因此持续探究什么样的催眠指令来达到最大疗愈效果，尝试不同策略来提升认知或行为模式的转化效率。

条件式的情绪反应模式需要一些时间来释放，但如果发现滞留在同一个情绪上很长一段时间，那么就可能需要探讨其他起因的可能性，或尝试不同的指令，来释放或关闭驱动情绪的机制。表面上情绪反应同样是烦躁，同样是焦虑不安，但由于驱使情绪的缘由不尽相同，也就需要不同的催眠指令。

落入苦痛心境，碰到阻挠，尽可能不要闪躲。如果尝试解除绝望和无力感，却没有正视情绪，无意识地闪躲，可能落入认为"现实的困境，生命没有意义，我动弹不得。如果……我就可以……"也许确实是现实困境，但如果成为一种认定，也就难以从中抽离，难以真正释放情绪。

平复心境，给予自己支持，鼓励自己，"我可以办到的！我愿意！"刻意放松，退一步觉察情绪的作用，感受情绪，感受恐慌，感受焦虑，感觉那难受的感觉。让情绪在身体里蔓延，减敏它，转化它，不抗拒它。

关键是如何走出心境？瓦解问题的起因，不要浪费精力与自己的念头缠斗，头脑无意间搜集各种理由气馁自己，怀疑自己。若留在泥沼中，呛着一口口的情绪泥巴水，费时费力清洗身上的泥巴，但无论清洗多久，依旧一身泥。离开黑暗的方法不是抵抗黑暗，不是驱离黑暗，而是迎向光明。跳出心境，走出泥沼，苦痛自然散去。多停留在恶臭的泥沼一分钟，只是多吸一分钟的恶臭沼气。

同时，转换态度也是一个重要的练习，选择宽容大量的态度比起试图清除心胸狭隘的信念所造成的琐碎问题更加有效且直接。在催眠状态下，笃定地对自己说"我要宽容，我要大气，不要斤斤计较，不要患得患失。""我要内心绝对的平安，绝对的自在。"静静感受，为何计较？为何不放手？什么东西阻挠了自己的绝对平安？这类转化并不容易，但似乎是相对有效的方式。

当我们转变了心态，转变了视角，自然转变思维模式，扭转观点与看法，自然朝着包容、同理、大气度的方向发展，而不是锱铢必较，在一些琐碎的垃圾情绪中打滚。

瓦解思维模板的"我"

催眠过程中发现了一个奇怪的现象，似乎存在一种"我"的思维模板，大脑不停地说话，"我觉得……我想……"，见境就忍不住说几句话，喋喋不休地表达各种意见。好比试图放下某些自扰的想法，但自动思维的作用却迫使我们反复思维着同一类事件，被同一类情绪反复折腾，不禁怀疑究竟是谁在说话？

努力聆听着母亲的催眠引导，想安静感受，想纯然地接收指令，却一直被跳出来的念头所干扰，许多想法，许多意见，于是猜测是某种模板使然。表面看似我在说话，但其实不是我的自主意愿，模板驱动着无意识的自动反应，"我觉得……但……可是……"若试图让它安静，闭嘴别说话，不发表意见，就可能引起一种古怪难述的不适感。

"我觉得"也许由两种因素所导致，一种是模板"我"的主观立场，试图保有一切，保护想法，保护观点，保护个人定义，保护领地般的行为；另一种则是喋喋不休的意见表达机制，唠叨的内建模板设定。企望专注，企望安静，但头脑看图说故事，就是想讲话，也不是基于什么特别的认定或原因。

我们尝试解除各种可能性，抛出一些指令，清除所有的"保有"或"保护"认定，包括保有观点、保有金钱、保有食物等，清除保有"我"的认知框架。同时，尝试"关闭大脑无意识的说话行为，拆除那说话的模板，瓦解'我觉得'。"过程中感觉想吐，心肺肠胃有灼烧感，而脑部也有些变化。

我全神贯注地聆听着，紧盯着模板的说话声音，警觉不被它带跑，并持续溶解一种莫名被堵住的感受。过了一阵子，浮现一座大理石雕像，一动不动。起初不明白什么情况，但不久后意会原是自己退了一步，所以看见了雕像，已然从"我"的模板抽离了出来。

"啊！好像那个'我'的模板刚才被清掉了！"那一刻，再次深刻体会生命受制于模板的局限性，犹如陶土被灌入不同形状的模具中，天生气质、教育背景、家族遗传等，随顺模具的造型，却误以为那形态就是自己。

曾经的我犹如一棵树被套入透明且坚硬的塑胶硬壳中，虽然明白某些性格的局限性，努力朝向阳光的方向伸展，却受制于硬壳，枝干无法自然舒展，甚至扭曲变形，直到拆解了模板，外壳裂开方可自由舒展，回到最自然的状态。又像被压成恐龙形状的小砖块毛巾，吸收了水分，慢慢地舒展开来。

不确定大脑是如何建构错综复杂的认知关联性，但当那不停说话的"我"或"我觉得"的模板消失后，部分所关联的条件式情绪反应似乎减弱，甚至不见了。但没有因此失去了"我"的意识主体，也许关闭了大脑预设模式网络的"我"，也关闭了那制造无谓想法的机制。

松脱了"我"的模板，感到一股自在舒展开来的轻松感，虽然知道自己仍需要一些时间来调适。接下来的很长一段时间里，断断续续，一旦放松和静下来就会感觉到头脑内部的震动，起初细微且高频震动，像被轻微的高速拍头，比心跳快上许多，也不清楚这究竟是什么情况。

"我"像是乐高的底板基座，所有的"我认为、我觉得"与其相关联的一切都建立在那基座上。"我认为"和"我觉得"指向了"我"的主体。从语言结构来理解，"我"是主词，从"我"这主干生出枝

干"我觉得",延伸出分支"我觉得这样做才对",末梢长出枝叶,"我觉得这样做才对,不然我会生气"。

透过催眠关闭某些模板的作用,砍断了主干,抽走了底板,关闭了那莫名说话的"我",所延伸的莫名问题则一并消失,也就不必钻研旁枝末节的细碎问题,不必费时地一项项裁剪,这也是催眠改写大脑程式相对高效的原因。

"关闭某某行为""停止"或"松解压力"等指令有些抽象,但对于自己或当事人似乎是一种提醒,一种认知转化,或情绪的减敏,因此许多时候这类型的指令确实发挥了作用,然而,使用这类指令的前提是必须找到核心问题与行为背后的动机,不会因为仅仅下了"关闭抑郁"或"停止疼痛"的指令而见效。

9 信仰的基石

> 假如一间铁屋子,是绝无窗户而万难破毁的,里面有许多熟睡的人们,不久都要闷死了,然而是从昏睡入死灰,并不感到就死的悲哀。现在你大嚷起来,惊起了较为清醒的几个人,使这不幸地少数者来受无可挽救的临终的苦楚,你倒以为对得起他们么?
>
> ——《呐喊》鲁迅

这是她头一次入庙参拜,祈请神明帮忙。虽三十初岁,从小就畏惧庙宇的她,这长年被烟熏黑的神明雕像,泛黄的墙壁,昏暗的灯光,仍令她胆怯不已。总不能把耶稣带进庙里?她心想,虽然有些心虚,迟疑了片刻,最终莫莉鼓起了勇气,取下戴在身上十几年的十字架,只身走了进去。

这不是一个简单的决定,身为一个虔诚的基督教徒,踏进庙宇仿佛是一种背叛,煎熬的抉择,一人不能侍奉二主,信仰上帝,又走入神明。过去的十几年,她每晚虔诚地向耶稣基督祈祷,严格检视自己,但高敏感的她常陷入无解的深渊,困在自问自答的死胡同中。多年祈

求上帝并没有得到答案，心中困惑并没有得到解答。也曾恳切地问过上帝，你创造了人类，为什么却让人们活得如此艰辛？创造残废和可怜的人，让他们痛苦地活着，你要他们学习什么？你要磨练他们什么？你为什么要创造这个世界？这种残酷有意义吗？主啊！请你告诉我！

接下来几个月她常去找通灵的灵媒问事，直到一位朋友提醒她，"如果一切事情都交给鬼神帮你决定，也许如你所愿，但你将自己的决定权交给了鬼神，那你不就失掉了自己？失掉了你的决定权。"她怔了一下，一语点醒梦中人，是的！毅然决然不再通灵问事。

离开了教堂，也离开了庙宇，却不知何去何从。从小就生活在一个父母非常疼爱且尊重的家庭，经济条件也不错，却常常莫名悲怅，失魂般的仰望天际，寻找些什么。特别被那些向着远方遥唤的歌谣和诗集所吸引。不看报纸，不看电视，对戏剧情节不感兴趣，老虎追斑马的画面更是让她逃之夭夭。不停寻找，却感觉世界没有她的容身之处，没有立足之地，不知道为什么自己来到了这个世界？

不明白那些奇异想法从哪里冒出来的，也很难用言语解释，直到后来女儿也有类似情况，才发觉这似乎是一种与生具来的天生特质。女儿在小学二年级时，说自己坐在教室里，只要发呆出神时，她就感觉到"为什么周边同学看起来如此陌生？这些人是谁？为什么我坐在这里？"或是说"我知道你是我妈妈，但我不明白为什么你是我妈妈？"虽然知道女儿所说的，但不明白其真实含义，依自己的过去经验，知道这是一种意象，头脑无法解释它，不是个人的想象，但当事人也不知道为什么有这些想法。

生命中并不是有什么无法化解的痛苦，或童年伤痛，但莫莉总感觉自己像个游魂，飘浮着，一种莫名的茫然。恳切地寻找，却又陷在十字路口，像在水里载浮载沉。有时确实想放弃，但那股莫名的空虚感迫使自己继续向前，继续寻找不知明的东西。在一次的机缘接触到佛教，"人人皆有佛性。一切的果都是自己的造作。"她觉得言之有理，便开启了另一个旅程，开始研读佛经，探索佛教的奥秘。

一天去参拜佛寺，师姐领着她进入一间微暗熏黄且挑高的大殿堂，面前竖立着一尊大约一层楼高的释迦牟尼佛雕像，站在两旁的是观世音菩萨和大势至菩萨。侧面端详着师姐虔诚的礼拜，对她的优雅一怔，那神圣的一刻，接着模仿着她的动作，合掌徐徐跪下，轻轻地翻开手心向上，合掌参拜。

礼拜结束后，师姐带着她缓步穿越廊道到大厅堂，老师父手靠着椅背，托着下巴斜坐在上座，师姐见到师父立刻跪地磕头，莫莉愣了一下，不知所措，天啊！我也要跪吗？儿时记忆突然涌上心头，想起爸爸的话"要有尊严啊！"小时候有一次捣蛋被妈妈罚跪，爸爸回家撞见，示意她起来，事后告诉妈妈，罚跪有损孩子的尊严，从此也就没有罚跪这件事了。此时内心呐喊着"我跪不下去啊！"看着师姐缓缓站了起来，回头看她一脸茫然的样子，呆站在那里，眼睛示意了一下。尴尬却又不好意思拒绝，只能匆匆跪拜下去，但内心霎时紧揪了一下，脑袋一涨，觉得愧对自己的父母，"父母养我，育我，呵护我，我都没有跪拜过他们，今天却去跪拜一个称为师父的人！"事后走出大厅堂，仍满心疑惑地问师姐："为什么要跪拜师父？"师姐眉头一扬，直视着说："你要学佛就要先学会谦卑，折服自己啊！""喔！嗯！"心想也有道理，一下子没头没脑的就被说服了。

接下来的日子里，她常抽空去寺里跟着师姐们找师父听讲佛法。每一次来到佛寺都会依照惯例去大殿礼拜佛，人们脱了鞋，轻巧地走进大殿，各自神情投入，轻柔合掌跪拜。虽然羡慕着别人那种虔诚，同时，却也是疑惑不解，为什么大家能够如此虔诚？自己却只露出了

空洞的眼神。几次礼拜后，纳闷变得更加强烈，面对着佛像"我该想些什么？该说什么？"直盯着佛像，内心却只有迷茫，"没有了心，没有想法的礼拜，我要拜什么？只剩下身体躯壳的例行动作，是谁在礼拜？"为此特地问了虔诚的拜佛人"你们拜佛都说什么？"答："拜佛时若没有特别请求，你可以祈求家里平安，世界和平啊！"这种看似伟大的言词对于她而言极为空洞，最后实在无法面对拜佛这件事，只能逃避大殿，闪避佛像。

后来又接触藏传密宗，毅力不摇地念诵法本及观修，然而一年又一年的流逝，念诵观修的方式只是原地打转，一个转不出来的死胡同，内心依然的空洞无助。有一天，师父高兴地告诉大家，寺里将要请进三尊大约一楼高，雕工精细且庄严的大佛像。师兄姐们恭喜着师父，准备着恭请佛像的事务，但莫莉心中却无比惆怅，彻底笑不出来，没有任何欢喜。无法理解，更无法接受为何浪费大家的辛苦钱去买佛像？佛像又能代表什么？不就是木头或金属敲打出来的偶像，究竟哪里庄严，哪里神圣？况且《金刚经》不是说了"凡所有相，皆是虚妄"？

每修了一阵子法后就有一种空虚至极的悲伤感受，常在午夜梦中醒来，哭泣祈求，我到底该怎么做？恳切地寻找却一无所获，为何找不到？但也只能擦干眼泪，回到座位上，翻开法本继续观修、诵咒、冥想、研读，如此日复一日循环着。

那股无望无助感不曾真正熄灭，一天又猛然升起，第三次求助于师父，"我还是找不到"，但师父总是和蔼微笑地说"你想太多了！"这次，她怅然若失，于是默默地离开了师父，离开佛教显密修行，进入另一个团体学习。

接下来的四年，许多时间都是独坐在山上、星空下、月光下、溪岸边修法、冥想，年复一年修行，但内心却仍是一样的迷茫。尤其到后期，看到师父权威者的趾高气扬，唯我独尊的态度，对生命的无情斥责，令她痛心绝望，"苦苦追求的法不要了，什么都不要了！"而后默默地离开了团体。

莫莉虽然自己经营公司，养家育儿，但每天依然凑出八九个小时在寻找，前后二十多年的时间。全力投入在研读佛经、显密修行功课、诵经诵咒、静坐冥想。看遍了重要经典，一字一句地啃食，一本接着一本，翻阅了无数的心灵书籍。总是战战兢兢，不敢浪费时间，多睡也是浪费时间，放松休憩就是怠惰。

渴望寻找，却不知道自己在寻找些什么？多年付诸的心力，一切所学所做反而让自己更加空洞，像个漫无方向的游魂。一天，她站在书店书架前良久，惘然若失地望着一排又一排熟悉的书，大同小义的内容，找不到化解内在空洞的答案。

曾经考虑回到基督教，但拜访了几次教堂后，空洞依旧。旧约提到同性恋和妓女要被处死，那种天堂令人寒战，那么我去天堂做什么？彻底的心灰意冷，我宁愿死在这里，哪里也不去了！多年来日日夜夜的精进却换来一场徒然！那种痛彻心扉的绝望与无助，完全放弃了向外寻找的动力，虽然迷茫依旧，但笃定地告诉了自己，哪里也不去了，因为根本无处可去！

一天，一则公案在脑海中闪过，"若人欲拿金碧峰，除非铁链锁虚空；虚空若能锁得住，再来拿我金碧峰。"当年看不懂内涵，直到今天才被那股气势所震撼，于是重新拾起《六祖坛经》，跳过了坊间的白话释义，直接阅读一字一句的文言文，一遍遍感受那字里行间的含义。当拿起笔提出疑问，仔细推敲文意，思维前后一致性和可行性时，惘然发现过去一切修行皆是有为法，修法、诵经、冥想、填充各种名相知识。

过去并没有真正思考推敲经典的逻辑架构，心想佛经里字字句句皆是真理，况且佛经明文记载，质疑有罪，不起信有罪，于是疏忽探究经文的合理性，也不曾怀疑伦理道德的合理性。而今放弃了信仰，反而松解了认知规范的枷锁，不再被恐吓绑架，才能提出理性的质疑，追根究底，剖析一切概念假设，探寻可行的路径。

有一段时间不断地思议 U.G. 克里希那穆提的话，他反复强调"不要再找了，不要再问了！"但内心纳闷"有问题不就要问吗？"虽然明白自己必须放手，却不敢休止，一旦停止寻找出口，那么自己不就永远困在迷宫里？进退两难，该如何是好？一天又细思着"不要再问了"这句话，突然间有一种当头棒喝，重重地被打了一记的感觉，顿时清醒，脑袋空掉了，问题结束了，没有问题可问了，莫名领悟了"不要再问了"的真实义，犹如无门禅师所提及的"穷心路绝"。

那一刻彻底醒悟自己被耍得团团转，花了二十多年跪拜别人，所谓的依教奉行，把别人当作是神，把别人的鬼话奉为圣旨。不禁痛哭，诚恳并单纯地寻找生命的解答却一再受骗，"我怎么如此愚痴？是单纯还是愚笨？"但至少庆幸自己能够诚实面对内心，一层一层剥开问题而不闪躲。

一天早上看书时，突然脑内一股力量扭了一下，仍诧异那是什么，就紧随着一阵悸动，感觉"一切就在内，就在这里呀！根本没有它处！"紧随一股喜极而泣的感动。再次低下头时，发现彻底失去了看书的动机。过去竭力在书中或外面寻找蛛丝马迹，而今一股发自内心的强大笃定感，"就在这里，没有他处！"一种前所未有的解放。经过数月，寻寻觅觅的动机不复存在，一切寻找都结束了，许多习性开始脱落，但直到两年后才发现那是完成的一刻。

这是真真切切我的母亲心灵追寻的故事，仿佛内心冥冥知道自己所要的,头脑却不知道,内心带着她踏上了寻找自心的旅程。几十年走过数不胜数的宗教信仰,绕过无数迷宫,不断努力尝试却又不断失落,一次又一次无助地痛哭。绝望的挫败感,他人的误解,不可思议的疯狂追寻只为找到生命的解答,幸运的是,终于完成了!

灵魂落难在人间

若外星人来考察地球,大概会对人类这奇怪的物种百思不解,一方面给自己定罪,创造罪业,另一方面又试图给自己救赎与脱罪。在惨不忍睹,将同类活活钉死在十字架的同时,请求上帝的宽容。

人们寻找心灵寄托与解答,创造了偶像,创造了信仰,建造了宗教,建造了天堂与地狱,给它们取名字,举办仪式来祭拜它们,请它们带领和保佑人民。

尼采在《道德谱系学》中说到"我们站在备受折磨的人性面前,在矛盾和为了提供临时慰借可怕的权宜之计,出现了基督教的天才之作:上帝自身为人类的罪孽牺牲了自己,上帝自己替自己还债务,上帝是唯一能够将人类,将这些不可救药的人类救出来的个体——债权人为他的债务人牺牲了自己,出于爱(有谁能相信这一点吗),出于对债务人的爱!"

事实上,多数人不是没有察觉信仰破绽的能力,但总是旁观者清,不难看见他人信仰的逻辑破绽,却看不清自身信仰的破绽。也或许有一件事比看清事实更可怕,也就是没有了信仰。

灵魂落难在人间,游魂般辗转流浪,早已回天乏术,渴望解脱,盼望找到回家的路,遥望远方,发出阵阵"E. T. phone home"的呼求,却陷入了更深的迷惘,不清楚自己究竟在找什么。不幸的是,头脑所能思议的仍是幻相中的认知结构,头脑不知幻相是何物,不知如何解套,走不出曲折蜿蜒的迷宫,心中无奈的呐喊谱成了一曲凄凉的悲歌。

生命的挣扎也许被空虚感所迫，寻找解脱，寻找自身的存在价值。也许在生活中找不到着力点，虚无缥缈的感觉令人惶恐。谁不盼望拥有幸福、财富、好姻缘、一帆风顺？面对未知，面对不确定性，试图摆脱现实生活中的挣扎，于是人们寻找着精神支柱，寻觅依托，希望得到庇佑，希望倚靠外界力量来慰借焦虑不安的心灵，于是树立了信仰。

人们创造了神，并创造了仪式感来体现其崇高性。呼求它，朝拜它，崇拜它，盼望从它们身上得到解答。在荒芜的心灵沙漠中矗立起一栋栋的神庙，搭建起一座座理想国度，提供了心灵庇护所，出现了最原始版本的信仰。

文明的演化，提升精神和超脱肉体欲望似乎成了一项重要课题，拟定了戒律作为依归，建立了彼岸，建立了名相与各种修行方法。某些人的所作所为也许可以当作杰出典范，但离世后被神格化，化作圣贤，无限放大各种存在或不存在的事迹，掺入人为的理想与期待，演化成精神提升版本的信仰。

即便苦苦寻找心灵解药的庄子也不小心落入了这陷阱，寻找不到答案，于是将目光缓缓投向了那不曾存在于人世间的神人，寻找那带领军队灭亡了别人的国家仍赢得该国民心的圣人，寻找着那登高不惧、入水不湿、入火不热、睡觉不做梦的真人。[1]

简而言之，信仰是向外的追求，一种信念框架，可能以任何形态展现，不只局限在宗教形态，也涵盖社会价值观、无神论、理想主义、意识形态（ideology）、物质主义、文化习俗、任何形式的向外追逐。

---

[1] "何谓真人？……登高不栗，入水不濡，入火不热……其寝不梦……故圣人之用兵也，亡国而不失人心……"《庄子·大宗师》

信仰不一定是宗教，可能奉献给神，也可能奉献给家庭或工作，或某些支撑生命意义的认知框架。

广义而言，信仰是系统化的信念，一个自己所期待的现实。信念（belief）和信仰（faith）虽然类似，但差异在于：信念，偶然的认定，虽然不一定符合实际情况；当笃信一些认定，相信自己所想要相信的，选择性地忽略事实，也就是信仰。

没有了信仰，一个人可能失去自我存在的价值，比起这些彷徨与恐惧，人们更愿意相信一个破了洞的信仰，至少生命还有一个立足点，一个依附，一个方向，一个目标。

生命往往搭建在信仰的基础上，成了一个人的身份认同，因此脱离信仰并不容易。也许不曾接触过不同的生活模式，也不曾思考过其他可能性，担心一旦踏出了信仰，则失去依归，价值崩塌，惶恐不安的心无处安放；也许认为信仰没什么不好，让生命有了明确目标，有了归属感，死后上天堂，投生善处；也许生怕堕入地狱，承担不起不相信神或上师的风险，不敢豁出去检视信念的真实性，于是落入了"帕斯卡的赌注"的陷阱；也许诚心诚意地寻找生命的答案，遵守戒律，抱诚守真，但误以为信仰可以引领一个人解脱。种种原因成为信仰的基石。

然而，任何类型的信仰都极具危险性，一种建立在无条件相信的集体迷思。信仰无需你探究真相，只要你毫不保留地把一切交付出去。

彼拉多问耶稣："这样，你是王吗？"耶稣回答说："你说我是王。我为此而生，也为此来到世间，特为真理作见证。凡属真理的人，会听我说的。"彼拉多问:"真理是什么?"[1]真理是什么?若诚实问自己,疑问将会披露信仰的逻辑瑕疵,但信仰之所以辗转流传了下来,交错在人为的虚构假设和一些所观察到的现象之间,真假难辨。

不否定部分宗教所观察到的不可思议现象,但往往浮光掠影,只捕捉到现象的一角,掺入了大量人为的想象和期待,创造一套信仰来填补空缺,于是弄假成真。很难完全否定天堂或地狱存在的可能性,因为意念可能在非物质维度中投射出实相性。在难以摸透现实的情况下,岂敢冒风险与信仰对赌?除非追根究底,为了找寻真正的自己而放手一博。

信仰创造了令人遐想的故事,趋之若鹜的理想境地,贩售着爱与宽恕、神通与奇迹、曼妙的乐曲、神圣的仪式、天堂的美好承诺。指着挂在黑暗夜空中的一颗明星,那是我们向往的美妙国度!撑一支篙,让我们一同到达灵性的彼岸!然而,童话般的幻梦,华丽斑斓的信仰底下却空空如也,没有方法,没有产品,只能自行创造,达不到,办不到,是你不够慧根,不够勤奋,不够虔诚,加把劲吧!

查尔斯·达尔文(Charles Darwin)那震耳欲聋的演化论让上帝的魔力瞬间失效,猛力摇晃着沉浸在神话故事中的人们。但当人们听见自己与那全身布满乌黑浓密毛发的黑猩猩和倭黑猩猩分享着99.6%相同的DNA,往昔的骄傲顿时陨落,怅然若失,岂敢置信那是神圣人类子民的远亲?人们被迫重新认识自己,寻找自我价值,一些人不愿被敲醒,于是捂住耳朵大喊,"我没听见!听不见!啦啦啦!"

尼采说道"我们希望通过展示人的神圣出生来唤醒自身的主权:这条道路现在被封禁了,因为一只猴子站在入口处。"[2]而哲学家米

---

[1]《约翰福音:18:33-38》(Gospel of John)
[2] 尼采《黎明》(Dawn)

歇尔·福柯（Paul-Michel Foucault）接着说"查拉图斯特拉本人被一只猴子所困扰，它在他身后跳来跳去，拉着他的衣角。"[1] 令人懊恼的是，在某一个时期，人类从物种竞赛的角逐中脱颖而出，跃升为进阶版的灵长类，聪颖的大脑引领着我们登上了生物金字塔顶端的殿堂，却在超越人类生物限制和灵性成长的课题上却显乏力。

各种信仰体系的特性几乎如出一辙，提供了人们所渴望的精神食粮、爱、依归、甚至财富地位。误以为只有将特定的信念框架套在自己身上才会得以安宁，于是困锁在某种信仰框架中。信仰逐渐取代了一个人直觉感受的能力，套入某种思维框架，成为信徒赖以生存的呼吸器。抽去一个人的信仰，仿佛抽干了空气，夺走一个人的性命般令人惶恐，因此不计代价地捍卫。

当众人皆困于集体迷思中，突围不是一件简单的事。层层信念有如套在克伦族人长脖颈上的铜环，自小一次次加长垫高，抽去铜环造成柔弱长脖子的不适，或早已习惯成俗，取下来似乎哪里不妥？

当大家都坚信某一件事，唯独你不信，那么可能要冒着被群体挞伐的风险。集体思维互相扶持的同时又互相监视，若你试图挣扎逃脱时，将会引起周遭邻人的躁动不安和恐惧，因为破坏了大家根深蒂固的规矩，动摇了信仰的基础。众多先人为了真理纵身一跃，肉体或精神却被钉死在十字架上，无论是耶稣、苏格拉底（Socrates）、伽利略（Galileo Galilei）、史宾诺沙（Baruch Spinoza）或其他数不胜数的先驱。

彷徨不知道该怎么走，我们必定会在外面搜索解答，但不是将生命的自主权交托于信仰的手中，依附他人，创造信念，走进信仰。久

---

[1] 福柯《尼采、谱系、历史》（Nietzsche, Genealogy, History）

而久之，被外界支配，失去了独立自主的能力。对于外在形象的崇拜与追求，演变为偶像膜拜或个人崇拜，将自己交付给神或所谓的心灵导师，以为他们能带领你解脱，结果以盲引盲，相牵入火坑。

同样的，如果我们把自我价值建立在外部价值观上，则远离了自心。也许在别人的游戏中取得胜利，却早已将牵引绳交在别人手中，将生命的自主权寄托别人。将外部价值观套在自己身上，试图模仿他人，成为他人，满足他人所期待的模样，为他人而活，逐渐失去了自由，失去了自己。

独立思考是一件孤独且艰巨的任务，但生命是自己的，也许在头顶上浇上一桶冰水，让脑袋和身体每一个细胞都清醒了过来。我们别无选择，就像尼采大声呐喊着"我不是人，我是炸药！"只有不再盲从，不假借他人的定义，引爆了信念的桎梏，撼动了所有认知的根基，粉碎了自我框架，才能突破重围。

灵性是每一个人与生具来的本质，探究生命的何去何从，一件自然而然的事。灵性或心灵不是宗教概念的范畴，而是回到自心，成为一个独立思考的个体，不再依托外部信仰系统。谦虚求教，但远离那些要你放弃思考的人！远离那些要你信仰飞跃（a leap of faith）的人！力量就在你的身上，自性就在你内，"佛是自心作得，因何离此心外觅佛？"《血脉论》切记，止息一切外求，回到自心，若将生命寄托于外力，寄托于任何一个人，寄托于信仰，那是死路一条！

佛教的暗流礁石

问:"弟子常见僧俗念阿弥陀佛,愿生西方;请和尚说,得生彼否?愿为破疑。"

答:"迷人念佛求生于彼;悟人自净其心。东方人造罪,念佛求生西方凡愚不了自性,不识身中净土,愿东愿西,悟人在处一般,若此处见,何须更愿往生?"

——《六祖坛经》

理解佛教的重要观念,可以从《心经》入手,全名《般若波罗蜜多心经》。经文辞简义赅,大意如下:

观自在菩萨在冥想中感悟到五蕴,色、受、想、行、识,皆虚妄不实,诸法皆"空相"。这世界即是幻相,又称色界,因此"色不异空,空不异色;色即是空,空即是色"。

在空性中,自性中,没有生灭,没有垢净,没有增减,无二元分别,以无所得故,就连"一"也不存在。没有色受想行识[1];没有眼耳鼻舌身意[2];没有色声香味触法[3];没有眼界,没有意识界;没有

---

[1] 色受想行识:身体、感受、思想、作用、意识
[2] 眼耳鼻舌身意:视觉、听觉、嗅觉、味觉、触觉、思维意识
[3] 色声香味触法:形貌、声音、气味、味道、触感或任何事物形态

无明，则没有无明可除去；没有老死，则没有老死的结束；没有"苦、集、灭、道"[1]；没有智慧；无有一物可得。

另一部家喻户晓，与《心经》并列的重要经典《金刚经》，全名《金刚般若波罗蜜经》。用一句话概括，也就是"凡所有相，皆是虚妄。"

两部佛经阐明了幻相的本质，为走向觉醒的路上提供了极为重要的线索。但严格来说，经文所阐述的可能只是冥想中的体悟，形而上的领悟。

在佛教经文中可看出冥想观照的痕迹，如《心经》"观自在菩萨，行深般若波罗蜜多时，照见五蕴皆空，度一切苦厄"，观自在菩萨在定中觉察；《金刚经》"长老须菩提及诸比丘、比丘尼、优婆塞（男居士）、优婆夷（女居士）、一切世间、天（天神）、人、阿修罗（鬼神），闻佛所说。"冥想中穿越到另一个维度，人界与非人界都来集；无着和尚冥想中上升兜率天听闻弥勒菩萨说法，记下了《瑜伽师地论》；释迦牟尼的悟道经验也大概源于冥想觉受。佛经的形成背景基本上都在某一个"天"说法，人天众生集结，记录各种奇异现象，构成佛教高度重视冥想修持的一大原因。穿越到另一个维度，连结其他灵体，将领悟带回意识层并不罕见，包括《奇迹课程》（A Course In Miracles）的撰写，以及许多新时代（New Age）的著作背景。

释迦牟尼是一位坚毅且恳切的求道者，舍弃太子身份，舍弃荣华富贵，经年累月的苦行，一心求法，在现实中领会了生老病死与无常，在冥想中领悟了空性和无我的状态。明白一切皆是幻相，不被幻相所骗了，不住相，才得以见到本来佛性，自在解脱，"不应住色生心，

---

[1] 四谛：苦，种种苦；集，苦的起因；灭，消灭苦；道，解脱方法。

不应住声香味触法生心，应无所住，而生其心。"与"凡所有相，皆是虚妄。若见诸相非相，即见如来。"[1]

然而基于认定身体的感官知觉将会蒙蔽了自己，为了保持六根清净，不被沾染，于是构建戒律来隔离自己，隔绝诱惑。为了保持在冥想中的体悟；空性中无有一物可得，于是正念正思惟，努力不让自己卷入纷飞的思绪中，不作意，不造作，不住相，对境不生心；正定，冥想观空，抽离境象。

为了防止自己落入幻相的漩涡，所以修苦来离苦，迫使自己产生厌世出离心，远离六道轮回。以厌世离苦为基础的修行法门体现在四念处的观修上，其中身念住的白骨观，源于传统印度沙门的不净观，想象墓地里尸体腐败，发出阵阵恶臭，以此对治欲望。

然而身体仅仅是物质世界的耦合产物，身体误导了我们对现实的理解，但它没有错。臆想着身体污秽不净，犹如自体免疫系统产生了病变，头脑不断分泌有毒的念头，耗损精神，排挤身体。

戒律、正念、观空、厌世等皆是阻绝的办法，一种对抗，一种用力的动作，而不是回到自性的自然流动。这即是整体佛教的缩影，冥想中的领悟，深刻的灵性经验，但在修行实证上存在着一个极大的空缺。

佛教教义最初建立在几个核心认知和修行法门上，如戒定慧三学、四圣谛、八正道、十二因缘等。以戒定慧为纲领，佛陀告诉阿难"所谓摄心为戒，因戒生定，因定发慧，是则名为三无漏学。"[2] 以"戒律"为规范，以"定"为修习根本，修习冥想内观，心境不受外在环

---

[1] 《金刚经》
[2] 《大佛顶首楞严经》

境所牵动，不被烦恼、妄想、执着所扰动而获"智慧"，断除烦恼，入涅槃成佛。

为何貌似佛教传承的禅宗却大斥佛教？为何麦肯纳提出疑问"为什么佛教产不出佛？"[1]

佛教是一个庞大的理论系统，数千年下来，由于对于教理理解和修行方式的差异，在各个时期产生分歧，衍生出更多的细枝流派，不计其数的佛教教义因应而生。基于不同宗派对于原初佛教教义的诠释，从这个基础上延展出种种修行方法论，如大乘六度波罗蜜、密宗的各种仪轨等。

佛教却将回到本来面目，举办成一个眼花缭乱的修行博览会，墙上挂着"末法时期即将到来"的大字条。定睛一看，系统性的杂乱无章。

在临终关怀的摊位，协助办理净土往生移民签证，死后七七四十九天轮回的通关手续，临终投胎善处的助念队与仪式。在投生何处的问题上迟疑不决，有人主张究竟涅槃，有人主张极乐世界，修建了西方阿弥陀佛、东方妙喜国阿閦佛、东方琉璃光药师佛等净土世界。

走到了修行摊位，摆满了琳琅满目的八万四千法门，一叠叠修福消业的仪轨，大乘小乘金刚乘，五十二种菩萨行次第果位的课程介绍。发宏愿救度众生、培养智慧、长养慈悲心、观苦出离……究竟多久后开悟？发愿到成佛，先经过天荒地老，水枯石烂的三大阿僧祇劫，有耐心也可以等待弥勒下凡。

密宗则认为上师代表着佛，与上师身口意合一，并透过修习各种

---

[1]《灵性开悟不是你想的那样》Spiritual Enlightenment: The Damnedest Thing by Jed McKenna

仪轨，唱真言，结手印，观本尊，等待一天即身成佛。净土宗认为成佛太难，修行辛苦，放弃了即身成佛这一条路，只求诚心唱诵"阿弥陀佛"，念经往生西方极乐世界，到了净土后再想办法。佛教学者平川彰提出：

在往生净土上，并不要求严厉的修行，只是要求信如来的本愿，唱佛之名号而已……信相对于疑，信深化的话，即使想怀疑也无法怀疑……有主张认为阿弥陀佛的信是受到《薄伽梵歌》（Bhagavad Gita）所说的"信爱"（bhakti，绝对皈依）的影响而成立的。[《印度佛教史》]

观修的方式彻底悖离了《金刚经》的"若以色见我，以音声求我，是人行邪道，不能见如来。"以色见我的"我"是如来、是佛、是自性，但自性本空，一切形体或音声皆虚幻不实，无法用眼睛见到佛性，无法用声音呼求佛性，眼睛可见到的，耳朵可听到的，皆不是自性。也写道"一切有为法，如梦幻泡影，如露亦如电，应作如是观。"却又宣扬建佛塔寺、诵经念佛、积善除业等有为法。

因此禅宗提出了一针见血的质疑，既然自己本具佛性，跳出幻相的条条框框，拨云见日，不就见到本来面目？

禅宗虽貌似佛教，本质与佛教大相径庭，禅宗诟病佛教种植葛藤，被密密麻麻的葛藤堵住了去路。既然自性无苦集灭道，又何必修苦灭苦？何必以苦起修，受尽痛苦才有力量出离？于是越修越迷茫，越吃越苦。解脱不就是拆除错误认定？何须繁琐的名相拼图，试图将烦恼和执着观空，无止境的次第阶梯，做不完的有为法，困在戒律约束和因果业报中？此岸和彼岸真正存在吗？

若不识自性，研读再多道理也毫无用处，"若不识得自心，诵得闲文书，都无用处。若要觅佛，直须见性。佛即是自在人，无事无作人。若不见性，终日茫茫，向外驰求觅佛，元来不得。"《血脉论》不明白佛性即是本性，向外觅佛，追逐那些五花八门的有为法皆不究竟，终日茫茫、盲盲又忙忙，终究无法见到本来面目。

"颠倒众生，不知自心是佛，向外驰求，终日忙忙，念佛礼佛，佛在何处？"《血脉论》经过了无数寒暑的修行才惊觉自己原地打转，找不到出口，比初始堆积了更厚一层似是而非的认知，走向了迷宫的更深处。

起初研习时，以为佛经深奥不解其精髓，回头一探究竟，惊觉自己走进了一个迂回的迷宫，千百年来滋生蔓延的葛藤堵住了去路，叫人越看越迷茫，因此无门禅师说道"结夏。十方同聚会。一盲引众盲。个个学无为。相牵入火坑。此是选佛场。阿鼻大地狱，心空及第归，永劫失人身。"[1]

---

[1] 《无门慧开禅师语录》

以幻灭幻,以火救火

《金刚经》是一部重要的佛教经典,却也体现了症结之所在。其中记载释迦牟尼往昔五百世曾做忍辱仙人,被歌利王割截肉体,节节支解,受着极端苦痛,修习见境不动,无我相、无人相、无众生相、无寿者相,安住内心,不起心动念,不起嗔恨心,更是发愿成道后,要回来度化加害于他的人。这有如耶稣被钉上了十字架,却仍惦记着"父啊,宽恕他们!因为他们不晓得他们在做什么。"[1] 这无疑达到了忍辱和慈悲的最高境界。

忍辱也许让人成为一位伟大的大慈大悲者,但无关解脱。忍辱的苦行,有如长期苦练徒手劈木破砖,克服了痛觉,麻痹情感,在幻境中练就了对境不起反应的功夫。身命布施、燃指供佛、割肉喂鹰,只是承受着一世又一世的体肤折磨,误以为修炼忍辱的苦行能成就,那是一种使人受困的信念,无从解脱。

佛教阐述四大皆空,一切物质形象皆是地水火风四大元素的假合,暂时性的因缘和合,生老病死,成住坏空。六根生六识[2],"妄认四大为自身相,六尘缘影为自心相。"[3]

基于此,佛教将六识视为六贼,一切罪业、欲望、烦恼、贪嗔痴

---

[1] 《路加福音:23:34》(The Gospel of Luke)
[2] 感官产生了感受,因此佛教说六根生六识,感官的六根(眼、耳、鼻、舌、身、意)产生了感觉的六识(视觉、听觉、嗅觉、味觉、触觉、思维作用),而感受被相呼应的外境六尘所尘染,因此说六识生六尘(色、声、香、味、触、法)。
[3] 《圆觉经》

等皆是六根不净所造成,"则汝现前,眼耳鼻舌,及与身心,六为贼媒,自劫家宝。由此无始众生世界,生缠缚故,于器世间,不能超越。"[1]

误以为没有了六识,没有了六尘,也就没有了虚妄心,"此虚妄心若无六尘则不能有,四大分解无尘可得。"[2]因此尝试以修行"六度":布施、持戒、忍辱、精进、禅定、般若的法门来阻绝六尘的诱引。

四大分解一切归于空无,尘归尘,土归土,误以为阻绝了感受,灭了想法,将一切化为空无,幻相即破灭,得以出离。于是在冥想中观想四大分离,想象身体化空,但身处物质界中,灭不了肉体,灭不了心,因此修行落入不思不想的静定中,留在观想灭度,终其一生静坐冥想,"坚持禁戒,安处徒众,宴坐静室,恒作是念:'我今此身四大和合,所谓发毛、爪齿、皮肉……皆归于地,唾涕、脓血、津液……便利皆归于水,暖气归火,动转归风。四大各离,今者妄身当在何处?'"[3]

"灭了虚幻的身体而虚妄心灭,而尘染灭,而幻相灭,最终剩下不灭的真相。犹如磨亮铜镜,除垢则明亮自然显现。身心被污垢所蒙蔽,除污则各处清净。"[4]这大异于"本来无一物,何处惹尘埃?"《坛经》其中差异在于前者仍站在框架内,尝试不被扰动,于是时刻观照念头,一旦妄想现前,就立即扫除,暂时回归清净;但后者透彻根源问题,将框架拆个精光,没有了框架,自然回到清净本然,自性本来空无,哪来的妄想?

自性本来空无,只因有此身的作用,若心不住,则无滞无碍,运

---

[1] 《楞严经》
[2] 《圆觉经》
[3] 《圆觉经》
[4] 译自"幻身灭故幻心亦灭,幻心灭故幻尘亦灭,幻尘灭故幻灭亦灭,幻灭灭故非幻不灭;譬如磨镜垢尽明现。善男子,当知身心皆为幻垢,垢相永灭十方清净。"《圆觉经》

用自如,"用即遍一切处,亦不着一切处,用而不住。只要清净本心,使六识出六门,明白了幻相的本质,则不被六尘所蒙蔽,无染无杂,来去自由,通用无滞,自在解脱。若百物不思,断绝思维,即是被认定给捆绑住,即是错误的见解。"《坛经》[1]

为什么行善助人、正向思考、感恩等皆是世间的有为法?助人行善无疑让世界更加温暖友善,正向思考或感恩转化念头也许提升心境,纾解情绪,但没有拆解自我框架,则无法真正解开信念或认定的束缚,无法解开属于幻相世界中的因果业报,困在生死轮回中。有人问达摩:"念佛、诵经、布施、持戒、精进、广兴福利,得成佛否?(达摩)答:不得。又问:因何不得?答曰:有少法可得,是有为法、是因果、是受报、是轮回法、不免生死、佛是自心作得,因何离此心觅佛?何时得成佛道,成佛需是见性。"《血脉论》

若走错了方向,几十年的修行都在同一处绕圈子,"不言持戒精进苦行,乃至入水火,登于剑轮,一食常坐不卧,尽是外道有为法……若不识自己灵觉之性,假使身破如微尘,觅佛终不得也。"《血脉论》

---

[1] 译自"用即遍一切处,亦不着一切处,但净本心,使六识出六门,于六尘中无染无杂,来去自由,通用无滞,即是般若三昧,自在解脱,名无念行。若百物不思,常令念绝,即是法缚,即名边见。"《六祖坛经》

欲 望

食色，性也。

——《孟子·告子上》孟子

  《楞严经》的开端由阿难淫躬抚摩的故事发起。阿难托钵乞食时遭遇了大幻术，一名叫摩登伽的女子用梵天咒，将阿难捉到了淫床上，险些毁了阿难竭力持戒的肉体。

  佛教提倡禁欲，修习止息杂念，调服世俗凡心，"淫心不除，尘不可出。"认为淫心不除，则无法出离尘世，再度落入红尘，堕入六道轮回。纵然有很高的智慧，有深度冥想力，若不断除淫心，淫欲将会让一个人堕入魔道。[1]

  事实上，性欲不过自然的生理作用，生物繁衍交配的动机，只是人们把性欲弄得复杂，衍生了乱象，带来了苦痛，于是将性本能划入罪恶的范畴，认定欲望是万恶之源。

  面临人性的窘境，不想被欲望所掌控，于是人们意图摒弃欲望，给欲望贴上各种罪恶、可耻、不良行为的标签，企图用道德禁忌来阻断欲望，用教条来阉割欲望。但无论是生理上的欲望或心理上的欲求并没有因此消失，反而陷入了自我矛盾，一方面渴望生理方面的满足，

---

[1] "汝修三昧，本出尘劳，淫心不除，尘不可出。纵有多智，禅定现前。如不断淫，必落魔道。"《楞严经》

一方面单纯的欲望成了一种罪行，于是满怀罪恶，不但没有解除欲望，更扒走了生命的激情，把精神和肉体都搞得衰弱。

"在家人有妻子，淫欲不除，可以见性吗？"达摩答："只探讨是否见性，而无关乎是否有淫欲。淫欲本来就跟幻相一样虚幻不实，自然断除，若不沉溺，纵使有习气，也不妨碍。为什么？自性本质是清净的。虽然处于肉体中，但自性本质清净，无法被玷污。法身，本来的自性，无饥渴、无寒热、无生老病死、无恩爱、无眷属、无苦乐、无善恶、无长短、无强弱，本来无有一物可得；只因缘和合有此肉体，才有了饥、渴、寒、热、痒、病等身体现象，若不执着，自由运作。"[1]

六祖惠能也给予了相同的答案，"若见自心是佛，不在剃除须发，白衣亦是佛。若不见性，剃除须发，亦是外道。"《坛经》

性欲是生理现象，满足正常生理需求，但不是纵欲或放纵，饮酒过量不是一件好事，同样的，过度旺盛的性欲也不是一件好事，有其麻烦的后果。纵欲等同成瘾，而任何成瘾现象，性成瘾、嗜酒、嗑药、沉溺于任何物质等，夺走了理智，夺走了自由意志。一个人被迫执行某些行为来释放冲动，满足欲望，生活中点点滴滴的决策都被迫围绕着瘾打转。自由不是放纵，那是假象的自由，是自由表象下的苟且。

然而难以摆脱生物冲动，看似缺乏意志力，但冲动不一定出于个人意愿，也许脑部化学分子或内分泌失衡，某一区块的控制阀失衡了，被生理机制所驱使，导致强迫性的行为，强迫式的念头，可以透过合适的疗愈办法来化解。

---

[1] 译自《达摩血脉论》

表面上看似不知节制，索求无度，但反观内在动机，也许简单的欲求没有被满足，长期处于精神或物质贫乏的处境。得不到爱，缺乏支持，精神上的饥饿感转为炙热的渴求，只有更大的回报才能浇熄内心的焦渴，于是矫枉过正，随手抓取任何可以补偿内心缺憾的事物。从马斯洛的需求层次理论（Maslow's hierarchy of needs）的基础来理解，放纵和宣泄也许带来强劲的刺激和欢愉感，但满足了基础需求后，短暂地快感已经无法带来内心的满足，甚至转向空虚感，进而促使一个人回到内心，推动生命走向更深层次的生命课题，一步步推向自我实现。

有人推崇极简主义，欲望最小化，认为非生存必要的事物都是多余的，这没问题，纯粹个人偏好。但放下、不住、心不染着不是摒弃欲望、目标或梦想，压制欲望只是毅力的练习，抽干了欲望的同时，也抽干了灵魂，剩下一个精神干扁的肉体。

生命不是追求无欲无求，追求无欲无求本身也是一种欲求，关键是不让欲求困锁了自己。让人煎熬的不是欲望，而是对于欲望的执念，以为满足了各种欲望才会快乐，于是竭尽一生精力追逐，为了填补那欲望的无底洞而疲于奔命，焦虑地服侍欲望的索求，被它所奴役了。

10 冥想与灵性经验

> 住心观净,是病非禅;长坐拘身,于理何益?
> 生来坐不卧,死去卧不坐,元是臭骨头,何为立功课。
>
> ——《六祖坛经》

唐朝武则天摄政时期,唐中宗派遣内侍薛简迎请惠能来京,请教惠能大师:"京城里的禅师们说:'如果想证道,必须坐禅习定。还没有不是因为修习禅定而获得解脱者。'不知大师的看法如何?"惠能答:"道由心悟,岂在坐也?"[1]

佛教的禅定与禅宗的禅定不同,准确而言,佛教的禅定是沿袭印度当时普遍的修行法门,也就是内观冥想,结跏趺坐,安住于正念,进入更深的意识状态中;而禅宗的禅定则是回到本然状态。

为何两种"禅定"被混为一谈?两种意识状态相当接近,但冥想和回到本然的状态是截然不同的心境。冥想的宁静仍需用力,用沉重

---

[1] 译自《六祖坛经》

的石头将狂风中飞舞的纸镇住；见性后的宁静则是本然状态，自性的本质，自然而然的结果，无需用力。

"禅定"分别为"禅"与"定"两个意义，"何名禅定？外离相为禅，内不乱为定。"《坛经》禅定不是透过勤修苦练"禅"，而是拆除所有信念框架；回到本然状态，也就是"定"，成为一个人的现实，于是行住坐卧皆禅定，"不忆一切法，乃名为禅定。若了此言者，行住坐卧皆禅定。"《达摩悟性论》

误解了禅定，用力于静定排除杂念。冥想中，透过定力压下念头的升起，但回到清醒意识时，头脑仍被执念和妄想所占据，也就没有"禅"也没有"定"。

许多人以为的觉悟其实只是灵性经验，意识改变状态中的感悟，领会了"幻相、非二元、万物平等存在、没有时间、一体性、不站立立场、喜怒哀乐皆虚无不实……"但如果没有真正自我拆解，则停留在一些虚无缥缈的形而上概念，难以实践在实际生活中。

虽然经历了丰富的灵性经验，瞥见了蝴蝶的状态，但不一定是一个人的现实。谈论着蝴蝶的种种，怎么自由自在，怎样无我，但依旧无法道出关键所在，一只毛毛虫究竟要如何蜕变成蝴蝶？因此面对现实中的困难时，只能提供一些看似宏大却含糊的答案，谈论着慈悲、爱、宽容、放下、大我小我、无我等话题，在形而上的知识概念上绕来绕去。

甚至说着一些晦涩难懂的言语，扑朔迷离的逻辑让大家雾里看花，把人们带得晕头转向，巧妙地回避了最棘手的根本问题。不理解魔术的手法时，将会大呼感叹，这位神奇的人物！一旦明白背后的原理后，把戏仅仅是把戏。

住心观静的石头禅

住心观静,是病非禅。

——《六祖坛经》

紊乱的心智好似一杯混杂的泥沙水,轻轻一晃,搅动起混乱念头,扬起各种情绪,混浊地看不清水中物。许多人误以为回归到静,让杂质沉淀下来,观照内外动静,就会认识事物的本来面貌,于是透过静观冥想、祈祷或庄子的"虚心""心斋"与"坐忘",但那是沉淀杂质,不是清除杂质。

颜回问孔子:"我家贫穷,已经不饮酒也不吃荤好几个月了,是你所说的斋戒吗?"孔子答:"那是祭祀的斋戒,并非心斋,心的斋戒。"问:"请问什么才是心斋?"答:"心斋是专一心志,不用耳朵听,不用心去聆听,而是用气去聆听。耳朵是感官,听见声音;心念,思维作用,只能理解知识概念;而气乃是虚心,放下自我,纯然地感受着万物的变化。唯有虚心,才能体悟到道。虚,也就是心斋。"颜回说:"我尚未懂得心斋前,确实感到自我的存在,但懂得此道理后,便没有了自我。也就达到虚心了吗?"孔子答:"你理解得很透彻。"[1]

---

[1] 译自《庄子·人间世》

庄子假托儒家的孔子与其门生作为他的发言人，用于寓言和譬喻。庄子不用感官的感知，不用想法的诠释，而是以"虚"来感受，放空一切认定和评判，进入更深的领悟。虚心，纯然地感受是一个极为重要，却经常被忽视的本能。

　　然而，虚心即是深度冥想的状态，也许抽离了身体的感官感受而经历了"无我"的灵性经验，于是忘我，但并没有真正回到道的本质。于是误以为达到了静止、虚无、无念或无我的意识状态便是终点，好比老子以"致虚极，守静笃"来消解心智作用，误以为"当内心的虚静达到了极致，就会还回本性，回归于道。"[1]

　　因此许多心灵修习以住心观静为要旨，专注至一的摄心，观照思绪寂然，心如止水，心如明镜，映万象而不起妄念；观照一片清净明朗，宇宙般无穷广大，无尽深远；观照无我，则洞见真我。但那与静止木石又有何差别？

　　庄子以"平"作为准则，"内心静如止水，外在则不激荡"[2]，但平静成为目的，而非自然而成的结果，落入了住心观静，时时刻刻关注周遭每一个细节，细嚼慢咽，专注当下。如此一来，也许念头暂停了四处漫游，但也很快的精神虚脱。漫无目的的静坐，长时间的静默令人窒息，忍受着枯燥乏味，只是对抗无聊和承受双腿发麻的毅力练习。当放下了过去事件的情绪，放下了面对未来的彷徨，此时此刻也就成了唯一的现实，又何必追求回到当下？

　　个人经验而言，以前纷乱的思绪如一个没有组织的乐团，右边拉小提琴，左边吹萨克斯风，各个乐手发出的奏音此起彼落。时而一条思绪线，时而多个思绪线并行，跳来跳去，嘈杂不堪。消融了认定与

---

[1] "致虚极，守静笃……归根曰静，是谓复命。"《老子》
[2] "平者，水停之盛也。其可以为法也，内保之而外不荡也。"《庄子·德充符》

相对应的情绪，紊乱的思绪波动逐渐止息，自然回到宁静。同时，少了扰动，更加能够集中精神，深入感受一切微细变化。

一些迷路的禅师，没能真正领悟六祖惠能的教诲，发明了"默照禅"，静默的"默"和观照的"照"，后来传去日本的"只管打坐"承袭了遗风。"默默忘言，昭昭现前"[1]，以为只管"默默"心念寂静，则"昭昭"清楚明白，智慧显现。于是教人时刻定住于当下，观照身心，除去妄念，以空境作为观照，以无分别心观照一切。因此被批"今时有一种剃头外道，自眼不明，只管教人死獦狙地静坐休歇，若如此休歇，到千佛出世，也休歇不得，转使心头迷闷耳。又教人随缘管带，忘情默照，照来照去，带来带去，转加迷闷，无有了期。殊失祖师方便，错指示人，教人一向虚生浪死，更教人是事莫管，但只恁么歇去。歇得来，情念不生，到恁么时，不是冥然无知，直是惺惺历历，这般底更是毒害，瞎却人眼！"[2]

以各种冥想技巧来达到平静，摒除杂念，全神贯注于每一个起心动念。但就算精通了千百年来每一种呼吸方式，数息观、交替呼吸法、随便呼吸法，一个鼻孔呼气，一个鼻孔吸气，打通任督二脉，如老僧入定般，各种坐姿和手印，长时间端坐垫子上一动不动，观想天堂的样貌、复诵着一些词句……那是对禅定的天大误解啊！

有研究发现长时间冥想者，终生平均 44,000 小时，换算下来，相当 10 年当中，每天练习 12 小时，杏仁核对情绪化的声音几乎没有反应。先不讨论这种策略的效率问题，消耗大量时间专注于减弱情绪反应，如果不探讨情绪的起因，试图告诉自己一切都是幻相，掩埋自

---

[1] 摘自：宋. 宏智正觉《默照铭》
[2] 摘自《大慧普觉禅师语录·第 25 卷》

我矛盾，不去想了，没事了，放下了，表面风轻云淡，身处一团隐晦不明的感受中。

练习端稳一个斟满水的杯子，走在颠簸崎岖的路上，不露一滴水是个绝活，但绝活只是绝活，为了拿稳那杯水，时间一长，手腕抽筋，肌肉僵化，失去了本有的自然韵律，外表看似平静恬淡，却少了生气，不是真正的自在解脱。

想要解决什么问题？疗愈需要有针对性才会有效率，而不是住心观静的枯坐。就算克服了重重冥想练习的障碍，坐到天荒地老，也只能说有很好的定力，但依旧在幻相中绕圈子，原地踏步的枯禅，缘木求鱼的枯坐，未曾踏出幻相一步，与觉悟丝毫沾不上边，"又有迷人，空心静坐，百无所思，自称为大，此一辈人，不可与语，为邪见故。"《坛经》年复一年，几十年过后才恍然往昔的烦恼依旧。

空心静坐没有解决噪音，只是戴上了降噪耳机，更阻碍了感受的自然体现，绝缘情绪，与真实想法脱节，别扭的喜怒哀乐。以为心如止水，却更像压抑或解离，也许只是一线之隔。解离的可怕之处在于扼杀了情感，麻痹了感受。减弱了苦痛的同时，也淡化了快乐。忘了如何放声大哭，也忘了如何开怀大笑。

心如止水，得以自鉴，但止水久了，成了一潭死水。思考是大自然赋予一个人的能力，不可能不思考，不起念，除非死了。

诚实地说，人生短短几十年，要不是换取那睁开双眼时短短几小时的平静，谁又真心愿意，一年四季，从早到晚，把宝贵的时间和精力撒在这平淡无奇的练习上？

忘，却不曾忘却

"忘"是庄子追求的至高精神境界，"忘却岁月，忘却礼义道德，精神逍遥于无边际的境界，安住于浑然忘我的境界中。"[1] 以"忘"来超越一切感受，将一切烦恼置之度外，"忘却身体，忘却思维分辨，抛去形体，舍弃知见，忘却一切，忘了自我，让精神与大道浑然一体，称为'坐忘'。"[2]

子綦靠着椅子坐着，仰头缓缓吐气，神情好似遗忘了自身的形体。子游问他："你怎么了？身形不动可以像枯槁的木头，难道心也可以像死灰吗？今天的神情与往常不太一样。"子綦回答："问得好！今天我做到忘了自我，你知道吗？"[3]

庄子以忘了自我为最高境界，心念不动，形同槁木死灰，寒灰枯木般毫无生气。不分彼此，主客体融成一块，但这只是冥想经验，本质上仍是空心静坐。

凝神静虑，三日后，可以将天下大事置之脑后；继续修持，七日后，可以将外境置身度外；继续修持，九日后，可以忘却自我；忘了

---

[1] "忘年忘义，振于无竟，故寓诸无竟。"《庄子·齐物论》
[2] 译自"堕肢体，黜聪明，离形去知，同于大通，此谓坐忘。"《庄子·大宗师》
[3] "南郭子綦隐几而坐，仰天而嘘，荅焉似丧其耦。颜成子游立侍乎前，曰：'何居乎？形固可使如槁木，而心固可使如死灰乎？今之隐几者，非昔之隐几者也。'子綦曰：'偃，不亦善乎，而问之也！今者吾丧我，汝知之乎？'"《庄子·齐物论》

自我，犹如初生朝阳般豁然无滞，便能悟道，与道融为一体，超越时间，无古无今，不再执着于生死。[1]

黄檗禅师也提到忘的概念，"凡夫执着于外境；求道人执着于心。心境双忘才是解法。忘境尚且容易，而忘心最困难。人不敢忘心，生怕落入空无，水中探物般寻找不着。"[2]

然而"忘"只是短暂地抽离，无论是忘我、忘物、无我、不起欲望，皆是暂时性的体验，刻意的行为，不是自然的结果。若识破了幻相的虚假不实，解决了根源问题，情绪自然释然，自然不在意，也就不会采用忘的策略。

同时，无法真正的忘，无法将记忆从脑海中抹去，因此"忘"不过是放空，如同催眠作用中的解离现象。以催眠而言，催眠体验越深，解离的程度也就愈大，换言之，催眠的本质就是一种解离性的体验，暂时抽走了熟悉的认知概念，现实感受的抽离和自我感的消失，但可掌控也可轻易恢复。发呆出神，放松恍神，也可能产生类似现象，对于周围事物产生一种陌生感，一种感受上的抽离，"不认得"周围的人事物，虽然非常清楚自己身在何方。

要阐明的是，不同于催眠的解离，创伤或精神压力所引发的解离往往不可控，那是基于不自主的防卫机制，可能造成片段记忆空白，不自主的失忆来防止记忆的重复伤害，忘却现实生活中的痛苦。

坐忘，也许产生了遗忘的现象，但不代表记忆消失了，只是埋入

---

[1] "参日而后能外天下；已外天下矣，吾又守之，七日而后能外物；已外物矣，吾又守之，九日而后能外生；已外生矣，而后能朝彻；朝彻，而后能见独；见独，而后能无古今；无古今，而后能入于不死不生。"《庄子·大宗师》

[2] "凡夫取境；道人取心。心境双忘乃是真法。忘境犹易忘心至难。人不敢忘心，恐落空无捞摸处。"《黄檗山断际禅师传心法要》

潜意识，不容易在清醒的意识状态中提取。"忘"最大的问题在于被"遗忘"的记忆并没有从大脑中删除，也许留在神经网络中，留在时空中，被搁置在背景，表面风平浪静，却默默牵引着一个人的思维与行为模式，影响着一个人的一举一动。没有被抚平的伤痛记忆甚至不只停留在自己身上，祖辈的创伤记忆化为一种无意识的行为特质，而特质在家族或社会中流转，一代一代传递下去。

透视幻相的特效药

感官感受和思维构建出了一个人的现实，与此同时，也被局限在那些感觉介面，而冥想暂时脱离了部分大脑机制的掌控。因此许多灵修都相当注重冥想的练习，透过冥想开启了更深一层的觉知，踏出疆界，透视另一个现实。

以个人经验而言，不确切哪些模板蒙蔽了直觉感受，但在意识改变状态中，可能出现很强的直觉感受，思维深度和广度好似换了一个人，差点不认得自己，但回到了清醒意识时，那种感受能力却瞬间腰斩。同时，发现自我融解后，本来只存在冥想中的直觉感受渗透到清醒的意识层，随着自我拆解，在现实中的感受愈加明显。

若有深度冥想的体验，可能会发现一个有趣的现象，起初停留在单纯觉察状态中并不容易，要么清醒，要么思绪纷飞，要么打盹睡着。在持续练习后，对于起心动念以及情绪波动的感知愈加敏锐，独特的意识状态的夹层变宽了，更加容易悠游其中，超脱了平时清醒时的思维运作方式，更清晰的觉知，甚至经历灵性经验，窥见种种不可思议的现象，身体的细微感受、气脉变化、光场、灵魂交流、过去记忆、无我、一体性、三摩地……这些奇妙的现象统称为灵性经验（spiritual experience）、神秘经验（mystical experience）或宗教经验。

深度冥想或意识改变状态中体验到另一层现实，惊讶那些无与伦比的体验，但再丰富的灵性经验依旧是经验。经验无比鲜明，深刻领会，但不代表到达了。刚吃完巧克力，余味犹存，但经验随着时间淡去，留下一个模糊的印象，一个遥远的印记。离开了意识改变状态，仍是自我作业系统 OS 1.0，停留在一样的思维运作，片刻觉受，而不是恒久现实。

累积再多的经验，也不代表修行境界上有实质进步，不会因为丰富的灵性经验而见到本性，就像 U.G. 克里希那穆提说的"我体验过所有书上写的经验……无论是体验到什么经验，我发现我仍然是同一个的人，机械式地做着同样的事。冥想对我来说没有价值，并没有把我带到任何地方。"[1]

个人经验而言，在自我融解前，虽尚未完全解开自我的谜团，但在认知概念上已相当清楚，冥想让我窥视了幻相的样貌，所以有好长一段时间，我无法确定自己究竟在哪？究竟完成了没有？概念上好像都明白，但内心仍隐约存有一种不肯定感，似乎还没到位，没有完全透彻。

领会灵性经验并没有想象中的困难，只要能够进入深度的意识改变状态，好比冥想、催眠或服用启灵药物（psychedelic drug），如 LSD、裸盖菇（psilocybin）或神奇蘑菇、秘鲁亚马逊的死藤水（ayahuasca）等，并接受正确的引导，就可以体验到神秘经验。甚至左脑中风都会带来此经验，脑科学家吉儿·泰勒（Jill Taylor）记录了自己左脑中风所体验的奇妙经历。

中风康复后，她在书中《奇迹》（My Stroke of Insight）阐述了当时左脑功能受损，脑部被血淹没，右脑所意识到的旅程，"我终于了解我们是如何经历那些'神秘的'或是'形而上的'经验，与大脑结构的相关性。"泰勒经验到一体性，"我对自己身体界限的感受不再局限于皮肤与空气相接的面。我感觉像是一个从瓶子里被解放出来

---

[1] The Mystique of Enlightenment by U. G. Krishnamurti

的精灵。我精神的能量似乎在流动，如一条大鲸鱼在无声的海洋中兴奋地滑行着。"感官感觉依然存在且清晰，但大脑抛去了边界的概念，"我意识到自己无法清楚地分辨物理边界，究竟从哪里开始，到哪里结束。我感觉自己是由液体组成的，而非固体。我不再感知自己是一个与其他事物分离的完整物件，现在的我与周遭的空间和流动混合在一起了。"感受自己不再仅仅是一具身体，"我现在与天地合一了，我已经融入了永恒之流，超越了无法返回的生命层次，我却被束缚在这。这个有机容器的脆弱心智已经关闭，不再作为智慧的居所，我不再属于这里！"一切事物都存在于无边界的意识中，"没有了传统意义上的物理边界，我感觉自己与浩瀚的宇宙融为一体。""我不再感到疏离和孤单。我的灵魂如宇宙一样大，在无边无际的大海中欢快地嬉戏着。"

启灵药，虽然在美国、欧盟以及多数国家仍被列管为毒品，被称为"迷幻药物"，这是一个严重的误解。事实上，临床心理研究发现，没有成瘾性的启灵药能治疗有高度成瘾性且导致心神恍惚的毒品——酒精。

部分药物，尤其是裸盖菇和 MDMA，已经走进临床心理的研究室，作为治疗种种心理病症的尝试，包括许多著名的医学院或研究型医院，约翰霍普金斯大学（Johns Hopkins）、加州大学柏克莱（UC Berkeley）或哈佛（Harvard）医学院的附属医院，麻省总医院（Massachusetts General Hospital）等。

临床心理研究表示，启灵药可能提升了脑部细胞层面和神经网络的神经可塑性，让大脑能够形成或重组连接，而产生疗效。对于强迫症、抑郁症、创伤后应激障碍（PTSD）、戒酒等症状有着显著的疗效。

启灵药所产生的经验类似深度冥想的经验，除了更明显，有着独

特并共同的认识。"启灵药"（psychedelic），从字根来理解，psyche-表示心智或心灵，而 –delic 表示特定的感受体验。如同麦可·波伦（Michael Pollan）在《改变你的心智》（How to Change Your Mind）描述他尝试启灵药后的领悟，"正常的清醒意识感觉完全透明，但它与其说是现实的窗口，不如说是我们想象的产物——一种受控的幻觉。"而《美丽新世界》（The Brave New World）的作者阿道斯·赫胥黎（Aldous Huxley）在《众妙之门》（The Doors of Perception）一书中，分享他在服用南美仙人掌（Anhalonium Lewinii）所提炼出来的麦司卡林（mescalin）的经验，"我能以崭新的、直接的方式洞察'万物本质'（Nature of Things）；此外，更高包括了一种叫不显明的宝藏，那即是对于艺术领域的特殊理解。"

其危险性不在于药物本身，而是在催眠或冥想状态下，如果经验到强烈情绪，当事人可以马上抽离那意识状态，但在药物的作用下，强度大且不容易抽离，因此对于有精神状况、有强大恐惧或创伤的人群要特别小心。同时，有经验的人士引导才能真正发挥其最大疗愈作用。

灵性经验究竟是如何产生的？大脑的运作细节仍是个谜，也许改变了脑部的活动模式。好比对于物体边界的认知是大脑所构建的概念，位于左半球后顶叶皮层（posterior parietal gyrus）的脑区掌管着运动、识别物理空间，当这个脑区活动被抑制时，就会失去对于空间边界和方位的概念。事物的边界感受变得模糊，不再区分你我他，"我"成为一个没有无边无际的意识。

当身体的边界感消失，你将不再认为自己只是一具身体，虽然这不代表你能用意念移动身体以外的事物，但意识没有了边界感，遍布一切，与周遭事物融为一体，产生"一体性"的感觉。桌子在"我"

的意识内，是"我"的一部分，"我"充满了这一间房间，与宇宙融为一体。

又好比"无我"或弱化"自我"的体验，也许大脑中"我"的主体意识的管理有关，"内侧前额叶皮层负责与'自我'相关的认知，这部分脑区活动的缩减，相对减弱了自我聚焦，减少了自动化的关于自我的故事，减少自我的强度。"[1] "长期冥想的测试者，有着平均 10,000 小时的冥想练习，减少了后扣带皮层（posterior cingulate cortex）的活动，减少专注"自我"的运作。"[2]

因此不要因为体验了一体性或无我，便以为一切皆空无，那是落入了无记空，因此达摩说"若不见性，一切时中拟作无作想，是痴人，落无记空中。昏昏如醉人，不辨好恶。若拟修无作法，先须见性，然后息缘虑。"《血脉论》六祖惠能也说"莫闻吾说空，便即着空。第一莫着空，若空心静坐，即着无记空。"《坛经》

意识改变状态和灵性经验本身有其普遍性与相似性，但缺乏经验或缺少带领的状态下，不太容易进入那特殊的意识状态，或只是神游或落入幻想，被颠倒是非的逻辑所混淆，于是不甚了解，被误解为一种幻觉。

心灵领域之所以混乱，由于鲜少讲求严谨的论证，提出来的逻辑前后自相矛盾，甚至随心所欲地想象，活在异想世界中，鲜少有周密的哲学思辨和实事求是的科学精神。为什么奇迹总是出现在古代？大概是古人没有科学，只追求感觉，所有现象都是超自然现象，不谈逻

---

[1] Mindfulness-Based Cognitive Therapy for Depression.
[2] Source-space EEG neurofeedback links subjective experience with brain activity during effortless awareness meditation.

辑推演。这也难怪学术研究不太愿意冒风险,与其将它扫到地毯下,认为是无稽之谈,一种迷信罢了。

一些确实是幻想,一些则是有待探讨的深奥现象,难以解释的现象,但无论如何,一切现象都必须经过严谨的逻辑推演,也许线索模糊,但搜集并归纳出一种有迹可循的模式(pattern)。

起初我对种种神秘现象并不以为然,中医的十二经脉、灵魂、轮回……缺乏科学根据,难以证伪,且难以分辨哪些现象是真实的,哪些是虚构的?尤其过去感受不敏感,也就当作不可考的神话,但经历种种灵性经验,尤其在意识运作的巨大转变后,意象更加清晰,只得回头仔细探究这些现象究竟是什么?

坦白说,有些无法读取,有时读取到一些模糊轮廓,聚精会神,好似眯着双眼努力对焦,究竟是远山或云雾?做梦时的意象相对清晰,而意识改变状态中的意象通常是模糊的,抽象的,如同闭上眼睛回忆一张脸孔或街道景象。

对自己所观察到的现象也常常半信半疑,又如何验证现象的准确性,而不是头脑在瞎编故事?过去知识或记忆会不会出来搅乱?因此将个人经验与他人经验交互比对,挑出线索,一步步厘清可能与不可能性,将一块块拼图拼凑起来。

第一次比较深刻的灵性经验发生在 2015 年,那时辞去了工作,腾出一些时间探索,重复了前一年夏天相同的生活模式,吃饭、睡觉、阅读和冥想的循环,为期将近两个月。多是躺在床上或后院红色帆布的吊床上,吹着纽约长岛夏末凉爽的晚风进入冥想,直到睡着。也许我所做的"冥想"不能称作冥想,当时并没有深入探究冥想禅坐这类练习,没有遵照任何规则,只是单纯放松,透过呼吸将身体和思维彻底放松平静,呼吸放到最轻柔,身体放到接近消失的感觉。

当时我用了一段时间翻译部分 U.G. 的《The Natural State》(暂译：《自然状态》)。翻译时，以朗诵的方式取代手动打字，朗读的当下感觉到大脑内部震动共鸣，像是一直被拍脑袋。起初不在意，想说是念出来的声音在脑部共振，却常常因此感到轻微晕眩。而我母亲在阅读一阵子后，触发了她为期多年的身体震动，一静下来就感觉到全身微细震动，就像站在运动用的垂直震动机上，走下来后全身仍有的余震，有时被震得不得入眠。

一天晚上，进行着往常的简单呼吸，全身放松，突然感觉到呼吸稍微不顺畅，猜想会不会是 U.G. 所谓的死亡？虽然有些紧张，但忆起 U.G. 提过身体的变化，让我有了些心理准备，也就让过程继续。不久后，身体从四肢末梢开始发凉，渐渐冷却到了躯干，肠胃的部分也开始发凉。这发凉不是重感冒畏寒发寒的感受，而像温暖天气下涂抹了淡淡的薄荷油，吃了薄荷凉糖的凉感，而这种凉爽感在后来的意识改变状态中也时常发生，尤其身体变化，某些气滞或阻塞被清除产生清凉感。发凉的状态继续蔓延，逐渐冷却到了内脏，肠胃，直到心肺，最后全身感到冰冷，心脏缓缓地冷下来，连呼气都是凉气，但触摸了自己，体温是正常的，心脏虽稍微缓了一些，但仍是一如往常的跳动，好似死亡的过程，但没有真正死去。

隔了一天，相同的经验又发生了，当我以为经验快要结束时，感觉到部分身体炙热如燃烧中的炭火，意识上的炙热，而体温正常。燃烧后的部分感到冷却，化为灰烬，接着化空。当整具身体都被燃烧殆尽时，身体边界感消失了，认知上知道身体化空部分的存在，但感知上却是空无一物，感觉没有了身体，意识不再局限于这具身体，周遭一切皆是我，这张床是我，这间房间是我，意念所及之处皆是我。我

是一切，遍布宇宙，没有边界的意识；我无限大，也无限小；我是有，也是无；我不具象，只是单纯的存在。

接下来几年有些零散的经验，几次感觉漂浮在太空中般，三维空间中充满了念头的弦，每一个念头有各自的能量波动，有如弦一般震动着。又有一次好似捅破了一层薄薄的膜，一种隔层，恍神一下，震惊置身于完全不同的世界，然而，经过了几个月的观察，思维和行为模式并没有跳跃式的差异。

直到后来透过眼动将剩余的认定清除后才走到了终点，那是2020年11月发生的事，到达一个转折点，跃入一个全新的范式，翻开了全新篇章，在那之后的思维变化和意识经验不是先前可比拟的。

事实上，有很长一段时间，我并不明白自身状态，不明白是什么让我穿越了过来？一种奇特的领悟，穿越的那一刹那，感受是清晰的，但当时的感受和任何灵性经验都非常类似，没有明确到可以让人惊呼，我觉醒了！我完成了！

灵性经验是两面刃，让人暂时脱离了模板的制约，暂时驱散了蒙蔽自我的乌云，却也让许多人误以为到达了，在尚未抵达终点前止步。灵性经验打破曾以为的自我与现实，让你的世界天翻地覆，但奥妙的洞见也可能让人骄傲自满，停滞不前，甚至退化。因此谨记一件事，不要留恋，不要耽搁，不要驻足，不要被骗了，继续向前进！

走火入魔

> 问曰：因何不得礼佛菩萨等？
>
> 答曰：天魔波旬阿修罗示见神通，皆作得菩萨相貌。种种变化，皆是外道，总不是佛。佛是自心，莫错礼拜。佛是西国语，此土云觉性。
>
> ——《达摩血脉论》

灵性经验非常奥妙，甚至可以切入不同时空，神游各处，与灵体互动，但那也是危险之所在，若是随意连结，可能因此走火入魔。无论是梦中、深度催眠、深度冥想，任何形态的意识改变状态，其实非常接近精神病患的意识状态，有着类似的意象和思维运作。健康者与精神病患的主要差别在于一个头脑清晰，具有理性验算机制导正逻辑，而另一个则是失去了验算功能，落入精神错乱。

在梦中，大脑的理性验算机制暂时关闭，我们不会对梦境中的任何不合理性有丝毫怀疑；直到梦醒时分，验算机制再度恢复运转时，才会惊讶到梦境的荒谬性。走火入魔可能令人神志不清，有如困在梦中的意识作用出不来，失去了逻辑推理的能力。

一个人会走火入魔其实也不是一天两天的造就，主要原因在于向外追求，观修或通灵。如果体质敏感，也许能看见光场，感受到能量场，连结到不同空间，与灵体进行沟通，误以为追随高灵是奥妙或殊胜。但很难保证在跟谁交流，很难知道连结到了些什么。这可能扰乱精神或生理系统。危险的是，一旦沉迷其中，逐渐混淆了不同空间的现实，逐渐脱离了理性判断，颠倒真伪，虚构想象成为了内在现实，现实越来越扭曲。

观修是一个非常危险的玩火行为，不小心玩火上身，烧得一个人无处可逃。所谓的观修不是观想身体上的气脉、喜悦、大自然或想象赶走不喜欢的事物等。观修想象某种意境或形象，可能是神、境界、灵体、不净观等。《金刚经》虽写得很清楚"若以色见我、以音声求我，是人行邪道，不能见如来。"但这也是佛教严重的自我矛盾之处，觉察到了幻相，却又困在幻相中。因此观修是幻中幻，梦中梦，与觉悟沾不上边。

在幻相中，有什么事物变化不出来？意识是一台投影机，可以随意投射出任何影像，只要我们想得出来，在意识维度便已经成相。创造任何形象，神、佛、上帝、圣洁的天堂、恐怖的地狱、宏伟的琉璃宫殿、庄严的圣境等一切都不是问题，像是雕塑黏土般，轻而易举。

一个人的想象是一个人的虚构现实，而一群人的想象就成为了一群人的虚构现实，建造着各种虚幻不实的境界。我们可以想象，厉害的妖魔鬼怪有什么理由变不出来？"若夜晚梦见楼阁宫殿象马等种种形象，或所谓的圣境，不要起迷恋或依托的心，那都是转生之处，必须特别留心。临终之时，不可住相，才能免于陷入幻境。若仍住于幻相，也就会被魔境所吸引。"[1]

自性本无相貌，哪怕是任何貌似神圣的个体。一个称职的魔鬼是一个好演员，能扮演任何角色，无论饰演庄严、慈悲为怀或诡计多端。上帝可以神圣，魔也可以假神圣，魔子魔孙尤其喜欢串门子。起初以

---

[1] 译自《达摩血脉论》

为那个声音在帮助你,保护你,赋予一切你所渴望的,但日子一久,你学会依赖它,越陷越深,能量被扯下去,最终难以自拔,甚至被那个声音所操纵,成为一名傀儡。你以为的殊胜,却一步一步带着你走向深渊。

当一个人找不出生命的出口,面对无解的人生问题,倾向求助他灵,将希望寄托于外界。但切记!不要向外求,回到自己!谨记自心本来空寂,一切相貌皆是妄见。"自心是佛,不应将佛礼佛;但是有佛及菩萨相貌,忽尔现前,切不用礼敬,我心空寂,本无如是相貌,若取相即是魔,尽落邪道。幻从心起,礼者不知,知者不礼,礼被魔摄。恐学人不知,故作是辨。"《血脉论》

有时感到恐惧感,但那不一定是自己的恐惧,而是妖魔鬼怪所散发出来的状态,它们也一样恐惧,所以不必害怕。那空间是一个想象游戏,谁比谁笃定,谁就更强大。

敬鬼神而远之!明白灵界个体、高灵、鬼神的存在。最安全的是避免不必要的连结,坚定地跟自己说"不沟通,不连结",切断沟通,减少干扰。若"听"到了一些声音,心生怀疑,不确定是否源于自己,就不要理会那些声音或意象,坚定的请它们离开,暂停冥想一阵子,停止连结。

11 回到最初

> 我们的欢宴到此结束。我们这些演员，
> 正如我告诉你们的，都是精灵。
> 全都溶入了空气中，化作稀薄的空气，
> 正如这毫无根基的幻影般。
> 耸入云霄的尖塔，华丽的宫殿，
> 庄严的庙宇，伟大的地球本身。
> 是啊，所承袭的一切，都将消逝，
> 就像这场虚幻盛宴地褪去，不留下丝毫痕迹。
> 我们的本质如梦境的构成，
> 我们渺小的生命，在沉睡中结束。
>
> ——《暴风雨》（The Tempest）威廉·莎士比亚

重返疗愈

内心的暴风雨，何时才会止歇？在漫长的疗愈过程中，拆解了困扰自己也困扰他人的思维模板，释放了身体的伤痛，回到了自在轻松。不确定疗愈的终点将是如何，也无法定义它，但疗愈带来了更深的触动与感动。这听起来也许陈词滥调，但在一次的疗愈中深刻领悟了"没有爱的生命是干扁的"，爱是生命的本然状态。

全然地聆听一个生命的表达，从对方的立场来思维与感受。当一个生命感受到自己被理解了，被听懂了，也就被疗愈了，释怀情绪了，而散发出感动之情，那一刻，我感觉到自己的生命更加饱和且圆满。

回　家

　　减少了框架和模板的束缚，感受愈加明显，感受到宇宙中一股微妙却又强大的力量，感受到大脑仅仅是一颗指南针，一个工具。指南针的功能是指出东南西北，但不是方位本身，感知源于宇宙中的磁场线路，指南针只是接收那股势力的作用，随着磁场转动。

　　时空中的一切事物有着各自轨迹，依循着某种规则，密密麻麻，在一条条独立的时间线上快速运动着，从过去、现在、到未来。一棵树苗成长为一棵大树，成为纸张，成为一本书，墨水排列成文字，转为视觉神经元讯号，化为脑海中的知识概念。

　　现在正在看书的你，曾经敲打这一行字的我，在偶然巧合，一种奇妙的机缘下，碰上了。事物刚刚好坐落在身旁，这一切都是偶然吗？我不确定。一股运行的力量，一股内心的感动，宇宙似乎向我们诉说着一则则神秘深奥的故事，与它的往昔、此刻与未来。

　　过去一些寻道者完成了攻顶，沿途中留下为数不多却至关重要的蛛丝马迹，为后人铺垫，作为导引，可惜登顶的路径仍是一条人迹罕见的羊肠小径，杂草丛生，线索不清晰，缺乏明确的指示和方法，只有攀登上了一定高度，才体悟前人所表达的意境。但愿一天小径成了开阔大道，生命不必冒着生死风险，走在一条条挂在悬崖绝壁上，却哪里也到不了的栈道。不再迷失于无止境的荒山野岭中，困在无谓的彷徨中，受着无尽的煎熬。

　　这本书是一张地图，它无法替你省下跋涉的艰辛，无法替你穿越一座座看似无尽连绵的山峦，无法预期你在翻山越岭的途中会遇上什么困难，会受到什么挫折，但愿地图带你一步步迈向峰顶。

疗愈，一遍又一遍的过滤净化，还回了最初的纯净透明。

觉醒，打碎那只玻璃瓶，不再误认自己是一只瓶子，不再受限于任何形态。

起初，一颗水滴从那片广大无际的海洋分离了出来，失落地，彷徨地到处游荡。

而今，纯净灵魂又回到了纯粹意识中。

久等了，欢迎回家！

后　记

本书的初衷是基于个人经验，一路连滚带爬，好不容易跨过了终点线，看见许许多多生命有着类似的煎熬，尤其心灵路上求道者的强烈彷徨与挫折，因此催促着母亲分享她对于禅的领悟与心路历程，而我帮忙打杂与润稿。

起了稿，然而，无心插柳柳成荫。原本计划 6 个月就可以出版的书，却被我硬是写了近 36 个月。从单纯的心得分享变成了网罗各方面领域的详尽阐释。虽然越过了，心里也有一个核心骨干，但为了阐明禅的本意，再次细品禅宗文献，延展阅读心灵与哲学相关内容，并涉略大量大脑、心理和生物学相关的书籍与论文来佐证，串联相互关系。

一层层地挖掘，洞却无意间越挖越大，越挖越深，明白只有挖透了，挖穿了，才能完成这本书的使命。因此从起初简单的分享，再次回到拆解自己，疗愈自己；起初的疗愈到觉醒，多了一层次的重返疗愈；起初的眼动，多了催眠与探索潜意识。写书的过程又是一次彻底地自我洗刷，一种巨大蜕变，同时发现自己能将这一切阐述得更清晰明了，于是这一本书就此诞生了。

参考文献

1. Anderson, David J. The Nature of the Beast: How Emotions Guide Us. Basic Books. 2022.

2. Barlow, David H.; Durand, Vincent M.; Hofmann, Stefan G. Abnormal Psychology: An Integrative Approach. Cengage Learning. 2017.

3. Bartol, Anne M.; Bartol, Curt. Criminal Behavior: A Psychological Approach. Pearson. 2014.

4. Berne, Eric. Games People Play: The Basic Handbook of Transactional Analysis. Ballantine Books. 1996.

5. Bourne, Edmund J. The Anxiety and Phobia Workbook. New Harbinger. 2020.

6. Breedlove, J. L., St-Yves, G., Olman, C. A., & Naselaris, T. (2020). Generative Feedback Explains Distinct Brain Activity Codes for Seen and Mental Images. Current biology : CB, 30(12), 2211 – 2224.e6. https://doi.org/10.1016/j.cub.2020.04.014

7. Brewer, J. A., Worhunsky, P. D., Gray, J. R., Tang, Y., Weber, J., & Kober, H. (2011). Meditation experience is associated with differences in default mode network activity and connectivity. Proceedings of the National Academy of Sciences, 108(50), 20254–20259. https://doi.org/10.1073/pnas.1112029108

8. Camus, Albert. The Myth of Sisyphus. 1942.

9. Carter C. S. (1998). Neuroendocrine perspectives on social attachment and love. Psychoneuroendocrinology, 23(8), 779 – 818. https://doi.org/10.1016/s0306-4530(98)00055-9

10. Damasio, Antonio R. Descartes' Error: Emotion, Reason, and the Human Brain. Penguin. 2005.

11 Dawkins, Clinton R. The Selfish Gene. 4th ed. Oxford University Press. 2016.

12 Doidge, Norman. The Brain That Changes Itself: Stories of Personal Triumph from the Frontiers of Brain Science. Penguin. 2007.

13 Dias, B. G., & Ressler, K. J. (2014). Parental olfactory experience influences behavior and neural structure in subsequent generations. Nature neuroscience, 17(1), 89–96. https://doi.org/10.1038/nn.3594

14 Eagleman, David. The Brain: The Story of You. Vintage. 2015.

15 Eagleman, David. Incognito: The Secret Lives of the Brain. Vintage. 2011.

16 Eagleman, David. Livewired: The Inside Story of the Ever-Changing Brain. Vintage. 2020.

17 Eisenberger, N. I., Lieberman, M. D., & Williams, K. D. (2003). Does rejection hurt? An FMRI study of social exclusion. Science (New York, N.Y.), 302(5643), 290–292. https://doi.org/10.1126/science.1089134

18 Ellis, Albert. How To Stubbornly Refuse To Make Yourself Miserable About Anything-yes, Anything!. Citadel Press. 2012.

19 Erickson, Milton H. The Collected Works of Milton H. Erickson. edited by Roxanna Erickson-Klein. 2021.

20 Erickson, M. H., & Rossi, E. L. (1977). Autohypnotic experiences of Milton H. Erickson. American Journal of Clinical Hypnosis, 20(1), 36–54. https://doi.org/10.1080/00029157.1977.10403900

21 Erickson, Milton H.; Rossi, Ernest L. Hypnotherapy: An Exploratory Casebook. Irvington. 1979.

22 Erickson, Milton H.; Rossi, Ernest L.; Rossi, Sheila I. Hypnotic Realities: The Induction of Clinical Hypnosis and Forms of Indirect Suggestion. Har/Cas ed., Irvington Publishers. 1976.

23 Galotti, Kathleen M. Cognitive Psychology In and Out of the Laboratory. SAGE. 2017.

24 Gazzaniga, Michael; Ivry, Richard B.; Mangun, George R. Cognitive Neuroscience: The Biology of the Mind. W. W. Norton & Company. 2018.

25 Gazzaniga, Michael S. Who's in Charge?: Free Will and the Science of the Brain. Reprint ed. EccoPress. 2012.

26 Gilligan, Stephen G. Therapeutic Trances: The Co-Operation Principle In Ericksonian Hypnotherapy. Routledge. 1986.

27 Ginsberg, Allen. Meditation and Poetry. 1978.

28 Goethe, Johann W. von. Goethe's Faust. 5th ed., translated by Kaufmann, Walter. Anchor. 1964.

29 Goethe, Johann W. Von; Eckermann, Johann P. Conversations with Goethe" by Johann Eckermann. edited by Moorhead, J. K., translated by Oxenford, John. Da Capo Press. 1998.

30 Goethe, Johann W. von. The Sorrows of Young Werthe. 1774.

31 Goethe, Johann W. von. The Autobiography Of Goethe: Truth And Poetry, From My Own Life. 1846.

32 Goleman, Daniel; Davidson, Richard J. Altered Traits: Science Reveals How Meditation Changes Your Mind, Brain, and Body. Penguin. 2017.

33 Grof, Stanislav; Grof, Christina. Holotropic Breathwork: A New Approach to Self-Exploration and Therapy. State University of New York Press. 2010.

34 Forward, Susan; Frazier, Donna. Emotional Blackmail: When the People in Your Life Use Fear, Obligation, and Guilt to Manipulate You. Harper. 2019.

35 Foucault, Michel. Nietzsche, Genealogy, History. 1977.

36 Haidt, Jonathan. The Righteous Mind: Why Good People Are Divided by Politics and Religion. Vintage. 2012.

37 Harmon KM, Greenwald ML, McFarland A, Beckwith T, Cromwell HC. The effects of prenatal stress on motivation in the rat pup. Stress. 2009;12(3):250-258. doi:10.1080/10253890802367265

38 Hawkins, Jeff. A Thousand Brains: A New Theory of Intelligence. Basic Books. 2021.

39 Hamilton, J. P., Furman, D. J., Chang, C., Thomason, M. E., Dennis, E., & Gotlib, I. H. (2011). Default-mode and task-positive network activity in major depressive disorder: implications for adaptive and maladaptive rumination. Biological psychiatry, 70(4), 327–333. https://doi.org/10.1016/j.biopsych.2011.02.003

40 Hirakawa, Akira (平川彰). A history of Indian Buddhism. Motilal Banarsidass. 1993.

41 Huxley, Aldous. The Brave New World. 1932.

42 Huxley, Aldous. Doors Of Perception. 1954.

43 Insel, T. R., & Shapiro, L. E. (1992). Oxytocin receptor distribution reflects social organization in monogamous and polygamous voles. Proceedings of the National Academy of Sciences of the United States of America, 89(13), 5981 – 5985. https://doi.org/10.1073/pnas.89.13.5981

44 Jung, Carl G. Memories, Dreams, Reflections. edited by Jaffe, Aniela. translated by Winston, Clara; Winston, Richard. Vintage. 2011.

45 Jung, Carl. G. New Zuricher Zeitung. 1950.

46 Jung, Carl G. Psychological Types or The Collected Works of C. G. Jung. Volume 6. edited by Hull, R. F. C., translated by Baynes, H. G. Princeton University Press. 1976.

47 Kandel, Eric R. The Disordered Mind: What Unusual Brains Tell Us About Ourselves. Farrar, Straus and Giroux. 2018.

48 Kaufmann, Walter A. Nietzsche: Philosopher, Psychologist, Antichrist. Princeton University Press. 2013.

49 Kolk, Bessel van der. The Body Keeps the Score: Brain, Mind, and Body in the Healing of Trauma. Penguin Books. 2014.

50 Krishnamurti, U. G. Mind Is a Myth. Sentient.

51 Krishnamurti, U. G. The Mystique of Enlightenment. Sentient. 2002.

52 Krishnamurti, U. G. The Natural State, In the words of U.G. Krishnamurti. edited by Maverick, Peter; Morris, Larry. 2008.

53 Lazar, S. W., Kerr, C. E., Wasserman, R. H., Gray, J. R., Greve, D. N., Treadway, M. T., McGarvey, M., Quinn, B. T., Dusek, J. A., Benson, H., Rauch, S. L., Moore, C. I., & Fischl, B. (2005). Meditation experience is associated with increased cortical thickness. Neuroreport, 16(17), 1893 – 1897. https://doi.org/10.1097/01.wnr.0000186598.66243.19

54 Li, R., Fan, W., Tian, G., Zhu, H., He, L., Cai, J., Huang, Q., Cai, Q., Li, B., Bai, Y., Zhang, Z., Zhang, Y., Wang, W., Li, J., Wei, F., Li, H., Jian, M., Li, J., Zhang, Z., . . . Wang, J. (2010). The sequence and de novo assembly of the giant panda genome. Nature, 463(7279), 311–317. https://doi.org/10.1038/nature08696

55 Lin, D., Boyle, M., Dollar, P. et al. Functional identification of an aggression locus in the mouse hypothalamus. Nature 470, 221 – 226 (2011). https://doi.org/10.1038/nature09736

56 Logue, M. W., van Rooij, S. J. H., Dennis, E. L., Davis, S. L., Hayes, J.

P., Stevens, J. S., Densmore, M., Haswell, C. C., Ipser, J., Koch, S. B. J., Korgaonkar, M., Lebois, L. A. M., Peverill, M., Baker, J. T., Boedhoe, P. S. W., Frijling, J. L., Gruber, S. A., Harpaz–Rotem, I., Jahanshad, N., Koopowitz, S., ⋯ Morey, R. A. (2018). Smaller Hippocampal Volume in Posttraumatic Stress Disorder: A Multisite ENIGMA–PGC Study: Subcortical Volumetry Results From Posttraumatic Stress Disorder Consortia. Biological psychiatry, 83(3), 244‒253. https://doi.org/10.1016/j.biopsych.2017.09.006

57 Lu Xun (鲁迅). 阿Q正传. 1921.

58 Lu Xun (鲁迅). 呐喊·彷徨. 1923.

59 Marquez, Gabriel G. One Hundred Years of Solitude. Translation edition. Harper Perennial Modern Classics. 2006.

60 McEwen B. S. (2017). Neurobiological and Systemic Effects of Chronic Stress. Chronic stress (Thousand Oaks, Calif.), 1, 2470547017692328. https://doi.org/10.1177/247054701769232

61 McEwen, B. S., Nasca, C., & Gray, J. D. (2016). Stress Effects on Neuronal Structure: Hippocampus, Amygdala, and Prefrontal Cortex. Neuropsychopharmacology, 41(1), 3–23. https://doi.org/10.1038/npp.2015.171

62 McKenna, Jed. Spiritual Enlightenment: The Damnedest Thing. Wisefool Press. 2010.

63 McKenna, Jed. Spiritually Incorrect Enlightenment. Wisefool Press. 2010.

64 McKenna, Jed. Spiritual Warfare. Wisefool Press. 2010.

65 McKenna, Jed. Jed McKenna's Theory of Everything: The Enlightened Perspective. Wisefool Press. 2010.

66 McWilliams, Nancy. Psychoanalytic Diagnosis: Understanding Personality Structure in the Clinical Process. The Guilford Press. 2004.

67 Melville, Herman. Moby Dick. 1851

68 Ménard, C., Pfau, M. L., Hodes, G. E., & Russo, S. J. (2017). Immune and Neuroendocrine Mechanisms of Stress Vulnerability and Resilience. Neuropsychopharmacology : official publication of the American College of Neuropsychopharmacology, 42(1), 62‒80. https://doi.org/10.1038/npp.2016.90

69 Nietzsche, Friedrich. Dawn. 1881.

70 Nietzsche, Friedrich. The Birth of Tragedy: Out of the Spirit of Music. 1872.

71 Nietzsche, Friedrich. Thus Spoke Zarathustra: A Book for Everyone and No One. 1883.

72 Nietzsche, Friedrich. On the Genealogy of Morals and Ecce Homo. edited by Kaufmann, Walter A. Vintage. 1989.

73 OLDS, J., & MILNER, P. (1954). Positive reinforcement produced by electrical stimulation of septal area and other regions of rat brain. Journal of comparative and physiological psychology, 47(6), 419–427. https://doi.org/10.1037/h0058775

74 Orwell, George. Animal Farm. 1945.

75 Penfield, Wilder. Mystery of the Mind: A Critical Study of Consciousness and the Human Brain. 1975.

76 Penrose, Roger. The Emperor's New Mind: Concerning Computers, Minds, and the Laws of Physics. OUP Oxford. 2016.

77 Pitkow, L. J., Sharer, C. A., Ren, X., Insel, T. R., Terwilliger, E. F., & Young, L. J. (2001). Facilitation of affiliation and pair-bond formation by vasopressin receptor gene transfer into the ventral forebrain of a monogamous vole. The Journal of neuroscience : the official journal of the Society for Neuroscience, 21(18), 7392–7396. https://doi.org/10.1523/JNEUROSCI.21-18-07392.2001

78 Ramachandran, V. S. The Tell-Tale Brain: A Neuroscientist's Quest for What Makes Us Human. W. W. Norton. 2011.

79 Rodrigues SM, Saslow LR, Garcia N, John OP, Keltner D. Oxytocin receptor genetic variation relates to empathy and stress reactivity in humans. Proc Natl Acad Sci U S A. 2009;106(50):21437-21441. doi:10.1073/pnas.0909579106

80 Rogers, Carl R. A Way of Being, Mariner Books; 1st ed., 1995.

81 Rogers, Carl R. Client-Centered Therapy: Its Current Practice, Implications, and Theory. Robinson. 2021.

82 Rogers, Carl R. On Becoming A Person: A Therapist's View of Psychotherapy. 2nd ed., Mariner Books. 2012.

83 Rogers, Carl R. The Psychotherapy Of Carl Rogers: Cases And Commentary. edited by Farber, Barry A.; Brink,Debora C.; Raskin, Patricia M. Guilford Press. 1998.

84 Pollan, Michael. How to Change Your Mind: What the New Science of

Psychedelics Teaches Us About Consciousness, Dying, Addiction, Depression, and Transcendence. Penguin Press. 2018.

85 Safranski, Rüdiger. Goethe: Life as a Work of Art. translated by Dollenmayer, David. Liveright. 2017.

86 Sapolsky, Robert M. Why Zebras Don't Get Ulcers: The Acclaimed Guide to Stress, Stress–Related Diseases, and Coping. 3rd ed., Holt Paperbacks, 2004.

87 Segal, Zindel V., Williams, J. Mark G., Teasdale, John D. Mindfulness–Based Cognitive Therapy for Depression. 2nd ed., The Guilford Press, 2012.

88 Shakespeare, William. The Tempest.

89 Shakespeare, William. Hamlet.

90 Shakespeare, William. A Midsummer Night's Dream.

91 Singer, June. Boundaries of the Soul: The Practice of Jung's Psychology. Anchor. 1994.

92 Taylor, Jill B. My Stroke of Insight: A Brain Scientist's Personal Journey. Penguin Books; Reprint ed., 2009.

93 Twain, Mark. The Autobiography of Mark Twain. HarperCollins. 2011.

94 Twain, Mark. The Mysterious Stranger.

95 van Lutterveld, R., Houlihan, S. D., Pal, P., Sacchet, M. D., McFarlane–Blake, C., Patel, P. R., Sullivan, J. S., Ossadtchi, A., Druker, S., Bauer, C., & Brewer, J. A. (2017). Source–space EEG neurofeedback links subjective experience with brain activity during effortless awareness meditation. NeuroImage, 151, 117–127. https://doi.org/10.1016/j.neuroimage.2016.02.047

96 Weaver, I. C., Cervoni, N., Champagne, F. A., D'Alessio, A. C., Sharma, S., Seckl, J. R., Dymov, S., Szyf, M., & Meaney, M. J. (2004). Epigenetic programming by maternal behavior. Nature neuroscience, 7(8), 847–854. https://doi.org/10.1038/nn1276

97 Young, Jeffrey E.; Klosko, Janet S. Reinventing Your Life: the breakthrough program to end negative behaviour and feel great again. Scribe UK. 2019.

98 Warburton, Nigel. A Little History of Philosophy. Publisher Yale University Press. 2012.

99 Zhang, Ailing (张爱玲). 红玫瑰与白玫瑰. 1944.

www.ingramcontent.com/pod-product-compliance
Lightning Source LLC
Chambersburg PA
CBHW042035100526
44587CB00030B/4426